I0828816

ET

LE PAGE,

Roman de Moeurs,

PAR E. L. B. DE LAMOTHE-LANGON,

AUTEUR DE M. LE PRÉFET, DE L'ESPION DE POLICE, DE LA COUR D'UN PRINCE RÉGNANT, DU GRAND SEIGNEUR ET LA PAUVRE FILLE, DU FOURNISSEUR ET LA PROVENÇALE, ETC.

> L'éducation, l'exemple, le gouvernement dans lequel on se trouve jeté, enfin l'occasion, nous déterminent à la vertu ou au vice.
>
> C. M. PETIT.

TOME DEUXIÈME.

PARIS,

LACHAPELLE, éditeur, rue Saint-Jacques, n. 75;
LECOINTE et POUGIN, quai des Augustins;
PIGOREAU, place Saint-Germain-l'Auxerrois;
Mme veuve BECHET, quai des Augustins;
CORBET, quai des Augustins, n. 61;
VAVASSEUR, Palais-Royal;

1831.

LE DUC

ET

LE PAGE.

IMPRIMERIE DE J. L. BELLEMAIN,
rue St-Denis, n. 268.

LE DUC
ET
LE PAGE,

Roman de Moeurs,

Par E. L. B. DE LAMOTHE-LANGON,

AUTEUR DE M. LE PRÉFET, DE L'ESPION DE POLICE, DE LA COUR D'UN PRINCE RÉGNANT, DU GRAND SEIGNEUR ET LA PAUVRE FILLE, DU FOURNISSEUR ET LA PROVENÇALE, ETC.

> L'éducation, l'exemple, le gouvernement dans lequel on se trouve jeté, enfin l'occasion, nous déterminent à la vertu ou au vice.
>
> C. M. Petit.

TOME DEUXIÈME.

PARIS,

LACHAPELLE, éditeur, rue Saint-Jacques, n. 75;
LECOINTE et POUGIN, quai des Augustins;
PIGOREAU, place Saint-Germain-l'Auxerrois;
Mme veuve BECHET, quai des Augustins;
CORBET, quai des Augustins n. 61;
VAVASSEUR, Palais-Royal;

1831.

LE DUC
ET LE PAGE.

CHAPITRE XI.

Un solliciteur à l'Opéra-Comique.

> Il ne prendrait pas sur l'autel, il y solliciterait.
>
> *Anonyme.*

Exupère immobile et les yeux attachés sur ce personnage mystérieux, dont les traits magiques pour lui occupaient toutes les facultés de son ame, ne tenta néanmoins aucun effort pour s'opposer à sa retraite. Ce n'était pas Nocline. Quel droit aurait-il eu à la retenir? Quelle explication pouvait-il exiger d'une femme maladive sans doute, et dont peut-être la raison était troublée? Il demeura donc pendant plusieurs minutes à la place où il se trouvait, exposé à la curiosité des passans, aux agaceries des belles de nuit et au péril des voitures. Il ne voyait, n'entendait rien; il serait resté encore plus de temps dans cette fixité extraordinaire lorsqu'un bras passé autour du sien l'arracha par une douce pression à cette rêverie dangereuse. Il revint alors à lui, examina avec une sorte d'effroi qui le saisissait; il reconnut Hermine.

« Suis-je bonne, dit la jeune fille, de patienter ainsi pendant une heure après un page assez mal élevé pour me quitter brusquement au milieu de la rue afin de quereller un habitant de l'autre monde; car certes celui ou celle qui porte ce lugubre vêtement n'appartient plus à la terre où nous vivons? La meilleure preuve en est dans l'état où sa conversation vous a laissé. Que vous a-t-elle dit?

» — Rien, répondit Exupère.

» — Et son silence vous a fait plus de peur que ses paroles : cela doit être. Au demeurant les trépassés ne peuvent être bavards; mais puisqu'il est parti, ne ferons-nous pas comme lui, et votre projet est-il de me laisser toute seule dans la rue?

» — Où irons-nous? demanda Exupère sans trop savoir ce qu'il disait.

» — Je sais bien où l'autre soir vous m'auriez invitée à aller avec vous ; mais maintenant tous ces lieux vous importent peu avec moi. Voilà comme sont les hommes. Ma mère a grandement raison de me les représenter en francs ennemis des femmes.

» — Excuse-moi, répartit alors Exupère, qui retrouvait le fil suivi de ses idées ; je ne m'appartenais pas tantôt ; la figure de cette créature malheureuse m'avait rappelé des souvenirs pénibles... des tracas de famille, se hâta-t-il d'ajouter afin de couper court à des questions indiscrètes, et j'ai eu pour ma punition le malheur d'oublier l'être séduisant qui veut bien s'occuper de moi.

» — A la bonne heure, dit Hermine

déridée ; la galanterie française n'était qu'éteinte dans votre cœur.

» — Il suffira de toi pour la rallumer chaque fois que ce malheur arrivera.

» — Oh ! de plus en plus ; un mot encore, et je vous retrouverai tel que vous étiez l'autre jour. »

Un regard éloquent d'Exupère répondit de manière à rassurer l'amour-propre offensé de la danseuse. Elle alors fut la première à proposer d'aller voir à l'Opéra-Comique deux pièces nouvelles qui avaient quelque succès. Le désir d'Hermine fut exaucé sur-le-champ. La salle était pleine, et toutes les loges occupées ; une seule restait très en vue du public, et que le jeune couple dut prendre faute de mieux. Exupère en fut quelque peu chagrin ; il ne lui convenait pas encore de se montrer en public avec une demoiselle encataloguée sur les registres de l'Académie royale de Musique. Mais la nécessité le contraignit à cette sorte d'éclat.

Il y avait un quart d'heure à peu près qu'ils étaient placés lorsqu'Hermine dit à son compagnon de plaisir :

« M. de Mauran, gardons-nous de prendre l'air trop ennuyé sous peine d'imiter de tout point Sophie de Lagrange que voilà en face de nous avec le duc de Fronsac, et une mauvaise humeur visible éclate sur ses traits et dans ses gestes. »

Ce propos, auquel Hermine n'attachait aucune importance, mit dans une sorte d'embarras celui qui l'entendit. Exupère ne pouvant oublier l'entrevue de l'après-midi et la sorte de promesse de rupture avec Hermine qu'il avait faite à l'autre demoiselle, reconnut combien auprès de celle-ci il devait jouer un mauvais rôle. Ce fut avec une honte positive que lui aussi porta ses regards du côté qu'on lui indiquait; il vit en effet non de l'ennui, mais une colère extrême émouvoir le beau visage de Sophie de Lagrange; elle rougit de dépit sans doute lorsque leurs yeux se rencontrèrent; elle détourna d'abord la tête afin d'éviter son salut, et un mouvement précipité de son éventail témoigna combien elle était fâchée d'un manque de parole aussi patent et surtout aussi prompt.

Le duc de Fronsac ne tarda pas non plus à reconnaître la danseuse et le page ; il leur fit un signe de joie, et de la main les invita à venir dans sa loge, beaucoup plus grande et plus commode ; c'était la chose dont Exupère se souciait le moins. Cependant il ne pouvait s'y opposer. Quel prétexte donner à Hermine, qui déjà s'avançait dans le corridor pour répondre avec plus d'empressement à la proposition de l'honorable duc? et puis force fut donc au page de la suivre et d'aller en même-temps affronter une tempête qu'il aurait désiré n'apercevoir que dans l'éloignement ; qu'il eût encore bien voulu éviter cette réunion, s'il se fût douté de tous les tracas qu'elle lui procurerait !

Le duc reçut le jeune couple avec un contentement malin :

« Voilà qui est édifiant, dit-il, un bon ménage, point de course séparée; vous êtes donc établis en toute confiance mutuelle?

» — Oui, se hâta de répondre Hermine, je me suis aventurée sous la conduite de ce seigneur raisonnable, parce qu'il m'a tant juré de m'aimer toujours, que j'ai ressenti la fantaisie de le croire.

» — Y a-t-il longtemps qu'il a fait cette promesse, ma chère Hermine? demanda Sophie d'un son de voix altérée.

» — Avant-hier, hier, ce matin, ce soir, il y a un quart-d'heure encore;

oh ! je ne suis pas femme à me confier aux premiers sermens.

» — Les seconds , reprit Sophie tandis qu'elle pâlissait et que ses mains tremblaient, ne sont pas toujours plus sincères; il y a des hommes qui se font un jeu de les prononcer et de les parjurer.

» — Ce ne sera pas lui , j'espère, répliqua Hermine ; il est si doux et si franc! Si tu savais, ma toute belle, ce qu'il vient de me dire de tendre !

» — Oh! riposta Sophie en riant avec une mauvaise grâce sans exemple, il en disait peut-être autant à une autre un moment avant que de te rejoindre. »

Pendant cette conversation engagée si rapidement qu'il n'y avait pas moyen de l'interrompre, Exupère était sur un brasier ardent, très en peine de sa contenance, n'osant ni se taire ni parler; surpris en flagrant délit, en trahison bien constatée, pouvait-il démentir ce que l'amour-propre d'Hermine lui faisait inventer, et convenait-il d'ailleurs d'entreprendre une justification inutile là où la preuve de la feinte éclatait?

Le duc ne comprenait rien à ce dialogue et moins encore à l'aigreur de sa maîtresse; il ricanait en attendant de rire franchement lorsqu'il saurait pourquoi. D'une part on voulait le page au rang des plus fidèles amans, et de l'autre parmi les plus volages. Sophie s'aperçut à temps qu'elle se laissait emporter par sa jalousie naissante, et s'arrêtant tout-à-coup dans la discussion avec Hermine, se retourna vers le duc.

« Que ceux dont on ne parle pas, dit-elle, prennent pour eux ce que l'on avance ici. Tel se vante d'un amour sans partage, qui en secret trompe celle qui lui est attachée sincèrement. »

Cette transposition adroite du sujet de la querelle produisit l'effet que Sophie en attendait. Le duc ne douta plus que ce ne fût la jalousie que sa maîtresse lui portait qui n'eût amené le sujet de cette thèse; il s'empressa de rassurer la belle de Lagrange en lui portant surtout le défi de le convaincre de haute-trahison.

Pendant ce temps, Exupère avait

pu se remettre dans un état de calme affecté; voyant bien que ce soir-là et en cette compagnie il ne s'expliquerait pas avec la dame irritée, il résolut de remettre au lendemain les éclaircissemens qu'il lui donnerait, et en attendant de se séparer d'elle et du duc le plutôt possible; il prenait cette détermination quand ses yeux errans dans le parterre reconnurent tout au beau milieu l'abbé Romar, qui, le col tendu, la bouche béante, l'examinait, lui aussi, et semblait porter envie à sa position agréable auprès d'un duc et pair et de deux femmes jolies.

Exupère à cette vue fit un mouvement d'impatience et tâcha de ne pas montrer au pédagogue intrigant qu'il l'avait aperçu; il craignait de sa part quelque nouvelle inconvenance, et ne témoigna voir aucunement les gestes et les signes que l'abbé ne cessait de lui adresser.

On frappa à la porte de la loge ; un valet à la livrée du duc de Fronsac entra et remit une lettre à son maître. Un homme assez mal mis, dit-il, l'avait apportée à l'hôtel dans l'après-dîner, avec injonction de la donner au duc comme excessivement pressée ; aussi avait-on couru depuis lors dans toutes les maisons et dans tous les lieux où on pouvait le rencontrer. Le récit du valet, la grosseur de la lettre, s'ils piquèrent la curiosité des auditeurs, ne leur firent pas présumer que ce fût là une missive galante. Le duc l'examina dans tous les sens avant que de l'ouvrir, puis en ayant demandé à la compagnie la permission, il se plaça de manière à bien voir et lut ce qu'on lui mandait.

Une sorte de satisfaction éclata d'abord sur sa figure, qui ensuite se colora légèrement. Il acheva, recommença une seconde fois, plia lentement la lettre, et dans ce moment ses yeux ayant rencontré ceux du page, étincelèrent rapidement d'un éclair de courroux aussi prompt à disparaître qu'à se montrer. La chose fut si spontanée, qu'Exupère ne put être certain que cette manifestation de haîne s'adressât à lui ; néanmoins elle lui donna matière à réfléchir, surtout lorsqu'il se rappelait son entrevue de la journée avec la figurante de Lagrange.

Le duc qui auparavant affichait beaucoup de gaîté, devint sombre et taciturne. Sophie, qui vit ce changement, se hasarda à lui dire :

« Ce n'est pas une mauvaise nouvelle que vous venez de recevoir ?

» — Non, répondit le duc, mais des renseignemens utiles dans une affaire de la plus haute importance et qui me la font voir sous un nouveau jour. »

Cette explication était satisfaisante; elle contenta tous ceux qui l'entendirent, et l'incident de la lettre fut oublié. M. de Fronsac peu après se mit à parler à Exupère avec plus d'amitié qu'auparavant; il le questionna sur une foule d'objets intéressans pour le jeune homme; cessa de se montrer frivole, tant il parut prendre part à la réussite à venir de ses projets. Cette conduite toucha le page, qui éprouva des remords de la tromperie dont il était complice et dont son protecteur était la victime : ceci ne le rendit pas plus empressé à se justifier auprès de Sophie.

Tout-à-coup la loge fut rouverte de nouveau, et sur la porte se présenta en nouveau spectre l'abbé Romar en personne; sa figure était si extraordinaire qu'elle fit pousser un cri d'effroi à la folle Hermine, et que Sophie se leva de dessus sa chaise presque effrayée. Exupère en revanche aurait voulu pouvoir à son aise broyer dans ses mains l'impudent personnage qui le poursuivait avec cette odieuse témérité. L'aspect de l'abbé importuna peut-être aussi, dans le premier moment, le duc de Fronsac, mais ce ne fut que pendant une seconde ; car, soit fantaisie, soit bonhommie inaccoutumée du désir de se réjouir à ses dépens, ce qu'il y a de certain c'est que, presqu'aussitôt le duc se retournant vers lui l'accueillit avec les témoignages d'une satisfaction complète.

L'abbé, foudroyé par les regards qu'Exupère lui lançait, retrouva toute son effronterie aux complimens de M. de Fronsac; il prétendit être monté pour lui rendre ses humbles devoirs, et pour lui recommander en passant sa petite affaire.

« Oui, mon cher, votre grosse abbaye ?

» — Hélas! non, Monseigneur, le modeste prieuré de Fontaude.

» — Ma foi, dit le duc très sérieusement, nous aurons grand peine à l'emporter d'emblée; car l'abbé de l'Espérance se remue pour l'obtenir non moins qu'un diable dans un bénitier, et vous savez si dans un bain pareil Satan se trouverait à l'aise.

» — L'abbé de l'Espérance! répondit Romar, je ne le connais pas; il n'est pas inscrit dans les bureaux de la feuille.

» — Cela n'empêche qu'il n'ait des protecteurs très influens. Moi-même naguère j'étais du nombre; mais votre mérite, Monsieur, m'a rangé sous vos bannières. Venez demain matin me voir de bonne heure, nous causerons, et je verrai ce qu'il y aura à faire dans votre intérêt. »

L'abbé ne put dissimuler sa joie; cependant il poursuivait les deux danseuses de ses regards supplians : enfin, se hasardant de prendre la parole et s'adressant à toutes les deux à la fois :

« Mesdames, leur dit-il, vous voyez un pauvre abbé de province, ancien précepteur de ce noble gentilhomme le comte Exupère de Mauran, qui voudrait obtenir pour récompense de sa piété, de ses mœurs et de sa science, le prieuré de Fontaude. Pourriez-vous aider en cette bonne œuvre en l'appuyant de toute votre haute influence auprès du ministre de la feuille, Monseigneur de Marbeuf, évêque d'Autun?

La folle Hermine, faisant un effort incroyable pour ne pas éclater de rire, répliqua qu'en vertu de l'estime qu'elle portait à l'ex-premier page, elle se trouvait très disposée à servir l'ex-précepteur; que s'il voulait lui remettre ainsi qu'à madame, en désignant Sophie, un placet bien libellé, elle se ferait fort de le donner à qui de droit, et que certainement au moyen de l'apostille, M. de Marbeuf investirait le requérant du bénéfice tant sollicité.

L'abbé faillit expirer de joie à cette réponse flatteuse: jamais on ne lui en avait fait de pareille. Il se hâta de remercier avec vivacité, et sortant un calepin sale de sa poche, pria ces dames de lui permettre de prendre leurs adresses.

La comtesse Hermine de Montendre, rue de la Michodière ; la duchesse de Lagrange, boulevard des Capucines, lui fut-il dit par la plus jeune des deux nymphes, que la mystification amusait. L'abbé demanda encore le jour et l'heure auxquels il devait se présenter. Ceci fut remis à la semaine prochaine, ce qui désanchanta une partie de son contentement.

Exupère demeurait comme indifférent à cette scène ridicule ; il ne pouvait la pardonner à celui que l'on bouffonnait, et sa présence dans cet instant lui était insupportable. Vainement l'abbé, qui commençait à le craindre, essaya-t-il de le dérider : cela ne lui fut pas possible ; il en éprouva une sorte d'inquiétude qui le décida enfin à effectuer sa retraite, après avoir répété dix fois au duc qu'il ne manquerait pas d'aller lui rendre le lendemain ses devoirs respectueux.

Dès qu'il fut parti, Hermine ne retint plus les élans de sa gaîté, que Sophie partagea peu, le duc moins encore, et Exupère point. On eût dit que chacun de ces trois individus ne pouvaient être distraits de leurs pensées secrètes, même par le régal d'une mystification que dans un autre temps ils auraient recherchée avec empressement.

Exupère, voyant d'une part le silence de M. de Fronsac, et de l'autre la continuité de la mauvaise humeur de Sophie, aurait payé bien cher d'avoir pu être instruit à l'avance des événemens de cette soirée malencontreuse. Il ne savait comment la terminer, lorsqu'Hermine vint à son secours en le priant, après la seconde pièce, de vouloir bien prendre la peine de la reconduire chez elle. Il se leva aussitôt et partit après des complimens réciproques, dont l'exagération extrême démentait la sincérité.

CHAPITRE XII.

Comment on sort d'embarras.

> Où force ne peut réussir,
> On l'emporte avec de l'adresse.
> *Chanson manuscrite.*

Exupère, au milieu des tracas que lui procurait sa nouvelle manière de vivre, se rappela que le duc de Richelieu l'avait invité à passer chez lui; c'était une faveur trop précieuse à un jeune homme élevé dans les idées de l'ancien temps, pour qu'il ne mît pas de l'empressement à en profiter. En conséquence il se rendit dans l'hôtel où le vieux seigneur faisait sa demeure. Il entrait dans la cour lorsqu'il rencontra l'abbé Romar qui en sortait : la vue de ce maudit homme le mit de mauvaise humeur.

« Vous voilà donc encore, intrigant sans honte, lui dit-il, vous qui assiégeriez Dieu le père pour en obtenir votre fatal prieuré ?

» — Je sais, répondit l'abbé avec non moins d'aigreur, que la reconnaissance n'est pas votre fort, et que vous ne craignez aucunement de vous faire taxer d'ingratitude ; sans doute qu'en vertu de ce principe je vous dois le mauvais accueil que je viens de recevoir dans cette maison.

» — Grâces à la Providence ! dit

Exupère avec une sorte de joie, vous êtes puni par où vous péchez. Ne deviez-vous pas avant de venir ici avec effronterie, être bien assuré que l'on vous verrait avec plaisir? convient-il, sans être connu des gens, de se jeter à leur tête, de les poursuivre dans des lieux étrangers, et jusque dans une loge de l'Opéra-Comique? Le duc de Richelieu n'est pas un de ceux que l'on aborde sans cérémonie; que vous a-t-il répondu ?

» — Peu de chose : que j'eusse à vider la salle si je ne voulais pas qu'il me fît congédier par ses gens

» — Et mon nom, s'écria le page avec dépit, aura été mêlé à cette fâcheuse affaire ?

» — Non pas précisément, car je

croyais au duc de Fronsac plus de crédit sur son père que vous pouvez en avoir auprès de monseigneur le maréchal. Je ne me suis recommandé que de lui d'abord, de madame d'Egmont ensuite, et enfin de la comtesse Hermine et de la duchesse de Lagrange.

» — Eh bien! l'abbé?

» — Eh bien! le duc qui au nom de son fils et de sa fille avait paru sourd comme une bécasse, a si bien entendu ceux de ces deux illustres dames, qu'il s'est levé, m'a demandé si je venais l'insulter, et a fini par me chasser de sa présence. Je présume qu'il doit être brouillé avec ces dames, et que leurs amis à la cour y ont plus de pouvoir que les siens. C'est égal, j'aurai malgré lui le prieuré de Fontaude; d'ailleurs ma visite ici aura toujours un bon ré-sultat pour moi.

» — Et lequel, s'il vous plaît?

» — Eh! mon dieu! celui d'avoir pris connaissance des localités et de faire croire à force gens que je suis reçu dans l'intimité familière du maréchal duc de Richelieu. »

Exupère admira l'impudence de cet ecclésiastique, puis il lui dit :

« Vous manquez de tact et vous en êtes la dupe; on ne nomme pas ainsi à tout venant les noms de ceux qui nous protègent : vous voyez l'effet que cette indiscrétion vient de produire; croyez-moi, ne proclamez plus ceux de la duchesse et de l'autre dame que vous trouvâtes avant-hier dans la loge du duc de Fronsac. »

Cet avis donné et pour cause, Exupère salua l'abbé et parut vouloir entrer chez le maréchal, mais Romar l'arrêtant encore :

« Resterez-vous longtemps dans cet hôtel, mon enfant?

» — Que vous importe?

» — Oh! beaucoup, je désire vous parler à votre sortie.

» — Faites-le maintenant.

» — Non, non, j'attendrai.

» — A vous permis, » et en disant ces derniers mots Exupère gagna le perron. Il traversa plusieurs pièces avant de parvenir au cabinet ouvert sur le jardin, et dans lequel le maréchal se tenait ordinairement. Le page reçut de ce seigneur un accueil presqu'amical : Richelieu se montra sous des dehors avantageux, donna de bons conseils sans reparler de son fils, puis et au moment de se séparer :

« Ecoutez, jeune page, de toutes vos oreilles, ce qui me reste à vous dire : si dorénavant vous vous rencontiez dans une de ces positions fâcheuses d'où votre nom ou votre influence ne puisse vous tirer, alors souvenez-vous de réclamer l'intervention de M. Adrien. Je ne vous explique point ce que cela veut dire, qu'il vous suffise d'être convaincu du pouvoir de ce nom et de la promptitude avec laquelle ceux chargés de vous tourmenter se hâteront au contraire de venir à votre secours. Il y a dans un état bien ordonné une magie blanche très utile qu'on ne confie qu'à ses amis, et il me prend fantaisie de vous faire l'un des miens.»

Exupère témoigna sa reconnaissance d'un propos si gracieux; il sortit d'autant plus charmé de sa visite, que le maréchal lui avait renouvelé l'assurance qu'il pourrait choisir le régiment dans lequel il voudrait servir. Sa satisfaction fut en quelque sorte diminuée par la présence de son ex-instituteur qui l'attendait intrépidement devant la porte, en se promenant de long en large en vrai solliciteur accoutumé à la patience et à la solitude. Le page, malgré la conduite de l'abbé, conservait pour lui une sorte de respect, fort léger sans doute, mais suffisant à l'empêcher de rompre entièrement ensemble; il le fit monter dans son cabriolet et se dirigea vers les Tuileries.

« Où allons-nous? demanda Romar.

« — Où vous voudrez, répondit Exupère.

» — Eh! bien, menez-moi chez madame d'Egmont à laquelle je dirai que je sors de chez le maréchal duc son père, cela produira un bon effet et lui inspirera mieux encore le désir de m'obliger.

» — Non certainement je ne le ferai point, dit le page, la comtesse ne se soucie pas de se faire coureuse de bénéfice, et d'ailleurs il est encore trop de bonne heure pour se présenter chez elle.

» — C'en est assez, M. de Mauran,

répartit l'abbé en rougissant de colère; je vois, à ne pouvoir en douter, l'étendue de votre mauvais cœur. Vous ne voulez ni m'aider de votre personne, ni de vos amis : la proposition que je vous faisais était une dernière épreuve tentée dans vos intérêts, mais dès qu'elle a mal tourné, dès que vous vous montrez si défavorablement, ne vous étonnez point si à mon tour je me retire de vous, en vous abandonnant à vos inclinations désordonnées. »

Jamais l'abbé ne s'était permis de parler sur ce ton à son ancien disciple. Exupère en fut confondu; sa douceur naturelle essaya de ramener le solliciteur fâché à de meilleurs sentimens : ce fut inutile. L'abbé le pria de le laisser descendre à l'instant même, et quelques instances qu'Exupère lui fit, il voulut absolument se séparer de lui. Ce dernier, véritablement fâché de cette boutade, s'y prêta. Cependant Romar sortit du cabriolet et s'éloigna rapidement. Le page, demeuré seul, se demanda ce qu'il ferait à son tour. L'idée lui vint d'aller offrir ses hommages à Sophie, qu'il n'avait pas revue depuis la rencontre funeste à l'Opéra-Comique, et à laquelle certes il devait au moins des excuses.

« Elle me traitera comme un misérable, se dit-il, m'apellera monstre, parjure, que sais-je? Eh! bien, je supporterai sa colère, me dirai innocent, m'avouerai coupable, exigerai une réparation, ou demanderai grâce suivant que le vent soufflera; il y a eu des femmes plus irritées, et néanmoins on a fini par leur faire entendre raison. »

Ce dessein arrêté, l'exécution fut prompte; il n'y a pas loin de la rue Neuve-des-Petits-Champs au boulevard des Capucines : la distance fut bientôt franchie. Le cabriolet arrêté, madame déclarée visible par le portier, et Exupère introduit chez la colérique danseuse; il avait pressenti le cérémonial que l'on établirait pour le recevoir : ce fut un mélange de dignité gourmée, de courroux contenu, de froideur furieuse; heureusement que nul témoin n'était là et qu'Exupère, au milieu de l'orage féminin qui grondait dans toute sa véhémence, put expliquer les faits ou plutôt les dénaturer de manière à établir son innocence d'une façon spécieuse. On le laissa parler, car la maîtresse la plus indignée aime encore que l'on aspire à se justifier; c'est une sorte d'amende honorable qui donne quelque satisfaction à son amour-propre outragé.

Sophie écouta le beau page, puis avec impatience s'exprimant à son tour :

« Qui me prouvera la vérité de ces nouvelles paroles? qui pourra m'affirmer que vous ne m'en imposez point en certifiant que vous avez rencontré Hermine par hasard? Une seule chose me donnerait une satisfaction entière; je suis en droit de l'exiger si vous êtes sincère, et un refus vous perdra à jamais dans mon cœur. »

Exupère lui demanda d'expliquer ce qu'elle entendait par là.

« Vous allez, poursuivit-elle, vous placer à cette table, et vous écrirez à Hermine que vous rompez une liaison que des engagemens antérieurs ne vous permettent pas de conserver.

» — Ce serait, répondit le page, une impolitesse trop marquée; ou plutôt, en me conduisant ainsi, paraîtrais-je attacher trop d'importance à des nœuds qui ne me blessent guère.

» — Et moi, s'écria Sophie, je vois que vous hésitez à les dénouer, que votre intention est de tromper Hermine et moi : c'est ce que je ne souffrirai pas. »

Un moment de silence s'ensuivit. Exupère balançait sur ce qu'il avait à faire et Sophie se taisait, tant son courroux était grand; lasse enfin de l'inertie du jeune homme :

« Monsieur de Mauran, écrirez-vous? dit-elle.

» — Et quoi ! s'il vous plaît, écrira-t-il, ma chère amie? dit le duc de Fronsac qui entra subitement. Son aspect fut un coup de foudre pour les deux personnages, qui ne pouvaient savoir s'il avait ou non entendu le commencement de la conversation. Exupère ne voulant pas compromettre, en continuant de se taire, la maîtresse de la maison, qui était singulièrement embarrassée, se hâta de répendre pour elle.

« Mademoiselle me priait d'être son interprête auprès d'Hermine, afin.... il s'arrêta, hésita, puis s'abandonnant à une pensée digne d'un page, il continua.... afin de l'engager à venir ce soir souper avec elle, vous, monsieur le duc, et moi, si vous le voulez bien? »

Sophie, à ce propos, fit un mouvement d'impatience que le duc interprêta au rebours de son sens réel, et s'adressant à sa maîtresse :

« Oui vraiment je le veux, chère Sophie, je te remercie même du plaisir que tu me procureras; il est possible que le comte de Mauran soit celui auquel cette partie convienne le moins, car peut-être Hermine n'est-elle pas la seule dame de ses pensées, et tous ses momens ne peuvent lui être consacrés.

» — Sauriez-vous quelque chose des divers chapitres de l'histoire galante de M. le premier page ? demanda Sophie au duc de Fronsac, en essayant de plaisanter.

» — Non, je conjecture, répondit-il, je me suppose à son âge, et certes j'avais alors au moins une dame de mes pensées dans la bonne compagnie, une autre parmi vous, mesdemoiselles, et une troisième enfin, petite fille bien ingénue, cachée dans quelque coin de Paris, croyant fort à mon amour, franchise et vertu ; que vous semble de cela, monsieur de Mauran, ne m'imitez-vous pas en tout ou partie ? »

Jamais le duc n'avait parlé avec une

plus complète insouciance, et cependant son propos alla frapper directement au cœur d'Exupère. Il trouvait que le duc avait si bien peint sa situation actuelle, à part les hautes amours auxquelles il ne songeait pas encore, qu'il se troubla et rougit involontairement, d'autant mieux que Sophie l'examinait par derrière M. de Fronsac avec une curiosité avide; cependant bien décidé à ne jamais rien avouer de ce qui pourrait faire soupçonner l'existence de Noéline, il crut devoir répondre de manière détourner les soupçons.

« Votre exemple est bon à suivre, Monsieur, dit-il; je tâcherai de m'y conformer, mais jusqu'à ce moment je n'ai pu....

Il s'arrêta à ce point; il fut surpris

du regard que le duc lui lança. Que signifiait-il? Exupère ne put le comprendre; il lui fallut essayer de le deviner par des conjectures qui n'aboutirent à lui offrir aucune lumière satisfaisante. Le duc reprenant la parole, approuva le projet de souper ensemble, mais, ajouta-t-il, pourquoi ne serions-nous qu'en tête à tête? Ayons quelques amis, réunissons-nous en nombre, la société sera plus gaie et le plaisir plus animé. Quant à vous, M. de Mauran, n'écrivez pas à Hermine, courez plutôt la chercher, afin d'être assuré de sa venue.

Il aurait fallu assister à cette scène pour se faire une idée de la situation de mademoiselle de Lagrange, contrainte à approuver ce qui la contrariait le plus, et maintenant à envoyer Exupère auprès de son heureuse rivale; mais d'une autre part, elle craignait d'exciter les soupçons de son amant, et force fut de céder à la nécessité. Elle pria donc le page d'assurer Hermine du plaisir qu'elle aurait à la recevoir. Ne manquez pas surtout, Monsieur, de revenir promptement avec cette chère amie. Je compterai les instans qu'elle passera loin de moi.

Le duc s'extasia sur cette fin de phrase. Voilà, dit-il, de la véritable amitié; qu'on prétende qu'il n'y en a point parmi ces demoiselles, dit-il à Exupère, en l'accompagnant jusqu'à l'antichambre; puis il rentra auprès de Sophie, et lorsqu'il entendit le bruit du cabriolet du page s'éloigner rapidement :

« Sophie, dit-il, ce jeune homme va mener une joyeuse vie; je pense qu'avant peu il sera mort de fatigue et des suites de ses extravagances.

» — Qui vous le fait présumer, répondit la danseuse?

» — Tout ce qui l'occupe; tu le vois courant vers Hermine, eh! bien, ce n'est point sa seule maîtresse : il en a une autre.

» — Une autre! s'écria Sophie; en êtes-vous bien assuré?

» — J'ai tout lieu de le croire, reprit le duc, comme s'il eût regretté d'avoir parlé sur ce point; sans cependant en être assuré complètement, je crois qu'il garde dans une niche une belle créature ; mais sait-on jamais parfaitement ces choses là ?

» — A votre place je serais charmée, dit Sophie, d'approfondir ce cas ; vous portez intérêt à ce débutant, qui sait si en éclairant sa conduite, vous ne lui rendriez pas quelque service important ?

» — Je m'intéresse à lui, sans doute, aussi je tâche de lire au fond de son cœur ; je veux savoir ce qu'il me tait, et si l'on ne m'a pas trompé...

Le duc s'arrêta ; il y eut quelque chose de hideux dans le sourire qui accompagna la fin de cette phrase interrompue. Cependant Sophie ressentait subitement trop de coups qui arrivaient à son ame, pour demeurer calme plus longtemps ; elle avait un besoin extrême de s'interroger sur ce qui lui restait à faire, et elle pria le duc de lui permettre d'aller s'occuper des détails du souper et de la soirée. M. de Fronsac y consentit d'autant plus volontiers que lui-même avait hâte d'aller inviter les jeunes seigneurs ou les vétérans de la fatuité qu'il voulait avoir pour convives. Ce fut donc lui qui quitta la place en promettant à mademoiselle de Lagrange de revenir de bonne heure.

Exupère charmé d'être échappé à la tyrannie que l'une de ses maîtresses prétendait exercer sur lui, n'avait aucune envie d'ailleurs de revenir la braver dans sa propre maison en y reparaissant en la compagnie d'Hermine; il cherchait dans sa tête le moyen de se sauver de cette position difficile, lorsque le hasard vint à son secours. Il ne trouva pas Hermine chez elle; la mère de cette jeune personne lui apprit que déjà invitée à un souper chez l'ambassadeur de Russie, elle ne pourrait accepter celui de Sophie de Lagrange. Exupère n'essaya pas de faire changer cet arrangement, et ce fut un triomphe pour lui lorsqu'il revint seul où il était attendu avec la jeune danseuse. Le duc de Fronsac parut le plaindre de son malheur, tandis que Sophie, par un regard moins irrité, lui témoigna quelque satisfaction de ce qu'elle prenait pour un sacrifice.

CHAPITRE XIII.

Une princesse italienne.

Et la grâce plus belle encore que la beauté.
LAFONTAINE.

Le Jockey Thomas Meller entra un matin chez son jeune maître avec cette mine importante que prend tout domestique lorsqu'il a quelque nouvelle à répéter ou quelque confidence à faire. Exupère s'aperçut aussitôt qu'il n'était pas dans son état naturel et lui en demanda la raison.

« Monsieur, dit le jeune homme, croyez-vous que ce soit un péché que refuser à un prêtre ce qu'il exige de nous pour le service de Dieu!

» — C'est, répondit Exupère, une question qui n'est guère de ma compétence; en règle générale, peut-être que je pourrais mieux la résoudre si tu me rapportais le genre de service que ce prêtre veut exiger de toi, car je m'imagine que ce n'est pas pour un autre que tu me portes ce cas de conscience.

» — Il est vrai, monsieur, que la chose me regarde, et vous un peu aussi.

» — Alors ne m'en fais pas un mystère, et sois certain que je te donnerai un conseil sincère. »

Thomas au moment de parler témoigna une sorte d'hésitation inquiète.

« Je fais mal de m'adresser à vous, Monsieur, car on m'a bien défendu de vous en rien témoigner, sous peine de jeter un sort sur ma santé et sur ma famille.

» — Celui, mon ami Thomas, qui a pu te parler de la sorte, est un misérable imposteur, et tu aurais grand tort de le ménager; crois que ces sorts, que ces menaces sont impossibles à effectuer. Les sorciers sont tous des trompeurs, même fussent-ils prêtres.

» — Si vous me juriez cela, vous me rendriez bien plus tranquille.

» — Je te l'affirme sur mon honneur; maintenant auras-tu le courage de parler?

»—Oui sans doute, monsieur, et même je l'aurais fait de toute façon, vous aimant trop pour vous trahir. Sachez... Au nom de Dieu, assurez-moi que vous ne laisserez jamais connaître à M. l'abbé Romar rien de ce que je vais vous dire.

» — C'est encore un engagement que je prendrai sans peine pour te rassurer de tous points.

» — Eh bien! Monsieur, sachez que depuis l'autre semaine il me persécute à toute heure pour que je lui donne la note exacte de toutes les maisons où vous allez, des personnes que vous fréquentez; il me demande ces renseignemens dans l'intérêt, ajoute-t-il, de la très sainte église, et j'ai de la peine à concevoir qu'elle ait un intérêt à s'informer si vous voyez ou non de belles demoiselles.

» —Il est en effet impossible, Thomas, que mes allures soient utiles à connaître pour d'autres que l'abbé Romar. C'est lui qui veut me poursuivre en tout lieu, afin de profiter de mes amis au plus grand avantage de son ambition avide. Tu t'es conduit en honnête garçon lorsque tu as refusé de satisfaire une curiosité indiscrète; persistes dans cette conduite honorable, et souviens-toi que le jour où j'aurai la preuve que tu m'as vendu à l'abbé précéderait immédiatement celui de notre séparation. »

Thomas assura son maître que mille fortunes ne le porteraient à une pareille perfidie, puis il ajouta :

« L'abbé m'a demandé encore si vous n'aviez pas une bonne amie cachée, une jeune personne que vous teniez dans une profonde retraite, enfin, Monsieur, il m'a fait de tout point le portrait de celle chez qui je vous mène si souvent rue de Berri.

» — Et que lui as-tu répliqué, scélérat? s'écria Exupère tout hors de lui, en saisissant son domestique à la gorge, tant il était emporté par un mouvement de colère et d'épouvante : il oubliait que le pauvre Thomas n'était pas coupable.

» — Hélas! Monsieur, rien qui puisse vous être désagréable; je lui ai soutenu avec effronterie que je ne savais ni vos affaires, ni ne connaissais vos habitudes, et que jamais une telle physionomie ne s'était présentée sur ma route, et si vous n'êtes pas content de ma réponse, en vérité vous avez tort.

» — Oui, j'ai tort, je l'avoue, mon pauvre garçon, dit Exupère en revenant à lui après son premier mouvement; je n'ai pas été le maître d'une colère que j'aurais voulu pouvoir passer sur le faquin qui a tenté de te séduire, et je t'ai malmené à sa place. Prends ce louis pour dédommagement, continues à être autant discret que fidèle, et les avantages ne te manqueront pas.

» — Grand merci, Monsieur, de vos excuses, répliqua Thomas avec une fierté gasconne, je les accepte parce qu'elles me sont dues. Quand à votre argent, si je le prenais vous auriez droit de craindre que si on m'en proposait d'ailleurs une plus grande quantité, je ne finisse par conter ce que l'on a tant d'intérêt à savoir ; mais je suis fils de votre vassal, vous êtes mon maître de toutes manières, et on m'arracherait plutôt la langue qu'une parole qui ne vous satisferait point. »

Ici finit cette conversation ; Thomas persista dans son refus : Exupère dut le respecter et n'insista pas davantage. Demeuré seul ce dernier chercha à deviner les causes de la curiosité de l'abbé, et après avoir réfléchi quelque temps, il arriva à la découverte de la vérité, en présumant que le duc de Fronsac instruit par quelque donnée indirecte que Noéline était sous la sauve-garde de lui, Exupère, avait gagné ce vil abbé par l'appas de l'obtension du bénéfice, afin qu'il se mît en campagne pour découvrir où Noéline était cachée. Cette trame peu honorable ramena dans le cœur du page la vivacité de ses premières dispositions à l'égard de M. de Fronsac; cependant avant de se permettre de les manifester de nouveau, il se promit d'observer attentivement la conduite de ce seigneur, et surtout de veiller à ce qu'il ne pût revenir sur la trace de Noéline.

Ce texte épuisé, il se rappela que la comtesse d'Egmont devait encore l'introduire chez la comtesse de Brionne, et que c'était précisément le jour même. Il se para en conséquence, et s'avoua que du moins si le duc de Fronsac lui était redoutable, il lui avait procuré pourtant deux connaissances très avantageuses, celles de son père et de sa sœur.

Il reçut en même-temps trois billets, un de Sophie qui, pour rompre avec lui, l'appelait une seconde fois rue des Filles-Saint-Thomas; l'autre d'Hermine, qui lui donnait rendez-vous le soir même, et auquel selon toute apparence il ne pourrait faire droit, et le troisième venait de Telnange; il était conçu en ces termes:

« Bonjour, mon ami, j'ai une
» foule de choses à te dire; mais avant
» tout que je me débarrasse de la plus
» lourde ; as tu vingt-cinq louis à me
» prêter? je n'ai pas un sou, je dois

» immensément, je ne paie personne.
» C'est bien là le moment convenable
» pour emprunter. Sais-tu que le duc
» de Fronsac te porte un vif intérêt?
» il s'informe de tes faits et gestes
» avec une sollicitude amicale très
» flatteuse; il a tâché de me faire
» avouer que tuas une passion secrète;
» je lui ai dit tout ce que je ne savais
» pas, si bien qu'il croit en savoir
» beaucoup sur ton compte. Je me
» flattais qu'on te ver-rais marcher
» avec lui, tu t'effaces trop; est-ce que
» vraiment tu voudrais te maintenir
» raisonnable? Je ne suis plus de ser-
» vice chez madame d'Egmont : vois
» de t'appuyer de ton ancienneté; je
» cours maintenant après madame de
» Ch... et la petite Clotilde, l'une
» pour le cœur, l'autre pour les sens :

» telles je les voyais du moins. Eh bien! » j'avais fait un mécompte, la fille veut » du platonisme, la vertueuse du po- » sitif, et au milieu de ces caprices un » jeune homme est très embarrassé; » aussi je me jette, pour me tirer de » peine, dans les cabarets et les biribi; » voilà où me conduit mon désespoir » ou ma philosophie. Adieu, tout à toi » de cœur et d'ame, crois à ma sincé- » rité, attendu que tu n'es ni créan- » cier, ni jolie femme. »

Ce fut sans peine qu'Exupère envoya à son ami la somme demandée si bizarrement; mais il se promit à lui-même de ne contracter jamais de dettes de ce genre, et de tâcher de vivre dans le monde avec la fortune que le ciel lui avait donnée. Il partit peu après avoir congédié le grison de

Telnange et avoir jeté un dernier coup-d'œil sur sa parure, qui lui siéyait fort bien.

Il portait un habit de satin-pêche relevé par une broderie bleue et argent, une veste glacée d'argent et brodée en soie bleue et pêche, une culotte assortie à l'habit, les bas de soie blancs à coins pêche, les souliers à talons rouges, garnis, ainsi que les jarretières, de petites boucles ovales et en brillans; un jabot, des manchettes de dentelle de Malines, peu de poudre sur ses cheveux, une épée d'acier de Dunkerque à pointes de diamans, un fin castor garni de plumes blanches, des gants blancs; telle était la tenue de rigueur des jeunes élégans, de l'époque : elle variait seulement par la couleur de l'étoffe.

Exupère ne put s'empêcher de convenir avec lui-même qu'on voyait de temps à autre de premiers pages plus mal tournés. Ce mouvement d'orgueil ne dura pas, et notre héros revint bientôt à son état de modestie ordinaire. La comtesse d'Egmont en le recevant lui laissa connaître combien elle le trouvait agréable; mais ce ne fut point avec ces airs de coquette déjà sur le retour; son admiration parut franche et dégagée de toute arrière-pensée. Elle le prévint sur le caractère des personnes admises dans l'intimité de madame de Brionne, et lui dit de faire surtout attention à une princesse italienne, la signora Oldanti San Severino, qui nouvellement arrivée à la cour de France, y jouissait déjà de quelque crédit.

Il n'eût pas été nécessaire de faire cette recommandation à Exupère; la beauté de cette étrangère était si remarquable, qu'il était impossible qu'elle ne frappât point, même les regards les plus inattentifs. Madame de Brionne qui avait déjà dîné avec Exupère chez la comtesse d'Egmont, le reçut bien, lui faisant cet accueil particulier qu'on réserve, soit à ceux qui nous sont agréables ou qui le sont à nos amis. Le prince de Lambesc, chargé de faire les honneurs de la maison de sa mère, s'en acquitta aussi d'une façon très distinguée à l'égard du comte de Mauran.

Il n'y avait dans cette maison que bonne compagnie, l'élite de celle d'alors : les princesses de Marsan et de

Guéméné, le cardinal de Rohan et le prince Ferdinand, son frère, les duchesses de Duras, de Beauvilliers, de Choiseul, de Luynes, de Villeroi; mesdames de la Roche-Aymon, d'Hénin, de Talleyrand, de Grammont, du Roure, de Pons, de Hautefort; les ducs de Duras, de Damas, de Luxembourg, de Fleury, de Montmorency, etc. Messieurs d'Harville, de Dillon, d'Escars, de Modène, de Crenay, de la Châtre, de Fumel, de Bonac, une foule encore d'autres personnes des deux sexes, toutes appartenant aux premières familles de France; le ton y était parfait, la politesse à la hauteur des individus, et jamais jeune homme ne pouvait être admis à meilleure école.

Le page connaissait déjà de vue ou plus intimement une portion de ceux qui formaient le cercle chez madame de Brionne, soit à cause de son service au château, soit par suite de ses rapports avec les Polignac et les Polastron, ses parens ; il n'était donc pas inconnu au milieu de cette foule brillante, et naturellement s'y trouvait à son rang ; mais peu occupé des dames qui déjà s'étaient montrées à lui tant de fois, il cherchait cette italienne que madame d'Egmont lui avait signalée comme une merveille, sans parvenir à la rencontrer. Il y avait nombreuse réunion ce soir-là chez madame de Brionne : un concert devait être xécuté; la Reine y chanterait, et quelques femmes de qualité suivraient cet exemple : on promettait ensuite une partie de *descampativos* (1).

Parmi les beautés qui inspiraient une admiration complète, on citait la marquise de Senneterre; Exupère la connaissait, et la voyant assise dans un coin de la galerie, il alla se mettre derrière elle afin d'avoir la facilité de lui parler. Cette dame avait distingué depuis quelque temps le premier page, et sans lui donner des espérances qu'elle n'aurait pas réalisées, trouvait quelque plaisir à causer avec lui. Déjà Exupère était parvenu jusqu'à son fauteuil, lorsqu'un murmure universel attira son attention : il vit entrer non une créature mortelle, mais une

(*) Sorte de jeu de cache-cache très en vogue à la cour de Marie-Antoinette.

véritable divinité : c'était la princesse Oldanti San Severino, que conduisait le chevalier de Tavanes.

Les places étaient prises à l'avance, car la foule affluait là où la Reine allait passer la soirée, et comme elle accordait rarement cet honneur hors à madame de Polignac, celle qui l'obtenait avait grand soin d'inviter le plus de témoins possibles de la faveur insigne qu'elle recevait. La princesse étrangère trouva donc assez de difficulté à rencontrer un siége; il lui fallut venir, toujours accompagnée par M. de Tavanes, jusques à côté de la marquise de Senneterre : jamais coup de hasard ne fut plus favorable au comte de Mauran.

Cette dame réunissait à tel point

esperfections exigées pour rendre accomplie une personne de son sexe, que l'envie se taisait devant elle, ne sachant par où la critiquer. Je n'oserais moi-même la peindre telle qu'elle était à cette époque de sa vie. Quoique j'aie vu en Italie un portrait en pied qu'on m'a dit lui ressembler beaucoup, moins belle, elle eût été encore incomparable. Exupère dès qu'il l'a vit, concentra sur elle toutes les facultés de son ame et ne put commander aux mouvemens impétueux de son cœur; ce n'était pas cette tendresse douce, sentimentale et presque épurée de toute partie terrestre; c'était une passion folle, impétueuse, ardente au plus haut degré qui le saisit, qui l'énivra; il respirait à peine, il n'osait former des désirs dans l'impossibilité de les voir combler, et pourtant il se jura, en insensé véritable, ou de se faire aimer de la signora Oldanti, ou de renoncer à la vie. Ce projet est le signe de tout amour qui naît d'un coup-d'œil et qui dès le premier instant est parvenu à toute l'extension qu'il doit avoir.

J'ai dit que de son côté Exupère était beau, gracieux et aimable; il possédait cette figure plus avenante encore que belle, ce sourire, signe infaillible d'une ame étrangère au vice, et cette forme de la bouche qui a tant d'attrait; ses yeux noirs et brillans, sa chevelure brune et naturellement bouclée, ses joues vermeilles, la blancheur, la forme parfaite de ses dents, une taille aisée, souple et bien prise, le pied, les mains d'un homme de qualité, rehaussaient son mérite intérieur, en l'encadrant de manière à en faire ressortir tous les avantages; son costume si frais, si élégant, ne lui nuisait pas non plus en cette circonstance: il voulait plaire d'ailleurs, et il y réussit; la princesse ne tarda pas à le distinguer, et avant la fin de la soirée, il put sans être indiscret lui demander la permission d'aller lui faire la cour chez elle, faveur qu'on lui accorda avec ces formes qui ajoutent tant de prix à ce qu'on sollicite.

La Reine ne tarda pas à venir; la Reine alors au comble du bonheur, car elle était déjà mère, et tout lui laissait espérer qu'elle le deviendrait une autre fois; cette princesse néanmoins commençait à perdre une partie de l'amour de ses sujets: son amitié mal placée, ses complaisances dangereuses et peut-être indiscrètes pour l'un de ses beaux-frères, l'énormité de ses dépenses, l'étendue de son luxe et le jeu infernal qu'elle protégeait, ainsi que sa sollicitude maladroite pour les intérêts de l'Autriche, faisaient germer dans le cœur des Français de funestes préventions, dont on ne sait que trop les suites fatales et les conséquences plus affreuses qu'elles eurent depuis.

CHAPITRE XIV.

Comment un page peint son amour.

Dicere quo periat, sæpè in amore levat.

PROPERCE, liv. I, élég. 9.

Un amant ressent moins les peines de l'amour lorsqu'il peut en faire la confidence.

Le premier page ouvrit une lettre, la lut rapidement et la jeta avec dépit sur une table voisine; une seconde, d'une écriture différente, eut le même sort, puis il se promena à pas précipités, dans l'étendue de la chambre, sans voir le chevalier de

Telnange qui, entré sans être entendu, le regardait en croisant les bras.

« Fort bien! dit-il enfin, mon cher Exupère, tu te ranges, et je le reconnais à la façon dont tu expédies ta correspondance; une de ces deux épitres vient sans doute d'une de tes maîtresses, et l'autre d'un de tes créanciers.

» — Je ne fais pas de dettes, fut-il répondre sèchement.

» — Tant pis, car tu t'enlèves un des moyens les plus actifs pour aider à passer la vie; ainsi donc c'est l'embarras du choix qui t'inspire cette colère: la brune et la blonde appelant le comte de Mauran à la même heure! n'est-ce que cela? vas en voir une troisième, et tu employeras le reste de la semaine à te raccommoder avec les deux belles qui t'auront attendu en vain.

» — Ni une, ni deux, ni trois, ni quatre, ni cent, ni mille, s'écria Exupère avec une sorte de fureur, je ne veux plus de maîtresses quelles qu'elles soient, et à aucun prix. »

Il s'arrêta, et un éclair de remords et de honte passa dans ses yeux.

« Mon enfant, dit Teluange avec le ton d'une compassion concentrée, est-ce que tu aurais la faiblesse de te courroucer d'une infidélité? ne sais-tu pas que les femmes y sont sujettes?

» — Je sais que tu es insupportable avec ta rage de conjectures qui t'éloignent sans cesse du but.

» — C'est à toi, répliqua froidement le chevalier, à me remettre sur la bonne voie par une confidence complète, à moins que ton cas soit de ne pouvoir servir également ces dames, ce que je conviendrai être très digne de mettre en fureur un ex-premier page qui tient à conserver intact l'honneur de ses camarades. »

Exupère à ce dernier propos ne put s'empêcher de sourire, puis s'approchant de son ami et le regardant fixement, il lui dit :

« Telnange, je suis amoureux.

» — Je m'en doutais depuis longtemps, tu étais si ridicule !

» — Je croyais l'être alors, et je le suis maintenant.

» — Oui, seconde édition de la même tendresse, *crescendo* supposé d'un feu qui promet augmenter de vivacité chaque fois qu'il change d'aliment, quoiqu'au fond il reste toujours le même.

» — Non cela n'est point; ce que j'éprouve pour ELLE ne ressemble à rien à ce qu'ELLE me faisait éprouver.

» — Volage! tu excuses ton inconstance par la violence qu'on fait à ton cœur, sois plus sincère avec toi-même, interroges-toi, tu verras que la nouveauté fait seule la différence.

» Non, mon ami, tu es dans l'erreur; j'aimais avec la franchise de mon âge une jeune fille tendre, douce, modeste ; je goûtais auprès d'elle un plaisir pur et tranquille, je ne songeais en son absence qu'à la revoir, aucune inquiétude ne chagrinait ma vie; mes sens étaient calmes, ma tête dormait lorsque mon cœur était seul à veiller, voilà ce que j'appelais de l'amour; que je connaissais mal ce sentiment impétueux, désordonné, cette fièvre âcre, furieuse, délirante, qui attaque les principes de la vie, les fibres de la raison, qui met les tourmens en place du repos, la jalousie en face de la confiance, qui torture l'ame et embrâse le corps! Je ne me connais plus depuis quelques jours, je suis sans énergie, et la rage pourtant m'anime; je pleure et je me sens la force de me détruire sans motif; cependant je n'ai plus de sommeil, quoique dans un perpétuel délire; le cauchemar pèse sur ma poitrine le jour non moins que la nuit, enfin ma passion est tellement désespérée qu'elle se résout à éclater devant toi, tandis quelle fuit et redoute les sages avis de Flormeil.

» — Grand merci de ton compliment, dit Telnange d'abord avec gaîté; mais bientôt après prenant un air plus grave, je te plains, Exupère, si ton état est ainsi que tu me le décris ; j'ai entendu de fort habiles gens prétendre que de telles maladies existaient: il est fâcheux que ce soit à toi qu'elles s'adressent; ne pourrais-tu pas essayer de t'en délivrer? chercher du secours dans la variété, courir çà et là , boire avec nous, folier avec d'autres... non... Eh bien! que comptes-tu faire?

» — Aimer, souffrir et mourir.

» — Tu n'es donc pas aimé?

» — Je le suis.

» — Et heureux?

» — Autant qu'on peut l'être.

» — Et tu n'es pas en voie de guérison? Alors je te déclare incurable.

» — Je crains de l'être en effet, et à mon amour que rien n'égale, se joignent les remords de l'amour que je méconnais.

» — J'entends, non satisfait du diable présent, tu t'affliges encore pour le compte du démon que tu délaisses; en vérité, mon ami, c'est trop de bonté. Il est de règle qu'une femme abandonnée se lamente, c'est dans le plein exercice de son rôle; mais qu'on prenne le soin de se tourmenter pour elle, c'est ce que l'étiquette ne permet plus.

» — Telnange, je t'en conjure, trève de plaisanteries qui ne peuvent me dérider ; donne-moi plutôt des conseils que je demande, non point à la gaîté, mais à tes sentimens d'honnête d'homme.

» — Ah! que fais-tu? je regarde comme guet-à-pens tout ce qui a pour but de me sortir de mon caractère ; tu as mal fait de t'adresser à moi : que ne prenais-tu Flormeil pour confident? Il t'aurait, en un tour de main, dit ce que tu aurais fait à l'avance, et ce que tu dois faire pour l'avenir.

» — Je ne pourrais me décider à rougir devant sa loyauté ; crois que je suis coupable, Telnange, et qu'on le devient lorsque l'on manque de parole à une femme dont on est le soutien unique et qui s'est confiée à la sainteté de votre serment.

» — Il est certain, répondit le second page, que l'un de mes oncles m'a chanté ce texte plusieurs fois, et comme il s'est sacrifié afin de prouver ce qu'il avançait, je commence à croire qu'il pourrait bien en être quelque chose. Écoute, Exupère, je suis un écervelé, mais au fond il y a quelque vertu sous cette enveloppe frivole. Je renonce au badinage, puisqu'il t'afflige, et si tu veux que je te serve, dis-le moi : je suis capable de me jeter au feu pour t'obliger, à moins que tu ne préfères que je ne te débarrasse de ta maîtresse ancienne en me faisant adorer d'elle ; je t'avoue que ce moyen me paraîtrait moins extrême que l'autre. »

Exupère sourit une seconde fois, et puis prenant la main de son ami, il lui conta son histoire, lui expliqua la position de Noéline, les promesses qu'il lui avait faites et comment la jeune fille en se remettant à sa bonne foi, le retenait maintenant dans un lien qu'il ne pouvait rompre; il lui parla ensuite de Sophie de Lagrange, de la danseuse Hermine, et arriva enfin à la princesse de San Severino. Telnange écouta avec la gravité d'un jurisconsulte auquel on expose des questions ardues de droit, n'interrompit aucunement le récit, et lorsqu'il fut terminé :

« Ta position, dit-il, est fâcheuse,

je le conçois; mais, Exupère, ce qui m'étonne le plus en elle, c'est que tu ne vois pas ce qu'elle a véritablement de dangereux. Voilà trois fois que tu te rencontres avec le duc de Fronsac : la première, en lui dérobant Noéline; la seconde, en te moquant de lui avec Sophie; la troisième, en courant sur ses brisées, en t'attachant à la dame italienne.

» — Que me dis-tu là? s'écria Exupère, est-ce qu'encore je rencontrerais ce maudit homme sur mon chemin?

» — Ou pour parler plus exactement, répartit Telnange, que tu te plais à marcher dans chacune des routes qu'il se fraie; je suis épouvanté de cette fatalité qui nécessairement finira par te nuire, car s'il soupçonne que tu possèdes Noéline, il sait déjà sans doute que tu rôdes autour de la princesse, et s'il parvient à découvrir que tu plais à sa tourterelle, fais-toi la peinture de sa colère et de la vengeance qu'il peut en tirer.

» — Je ne le crains pas, répondit Exupère avec une sorte de fureur; je serais d'ailleurs heureux de lui arracher la vie, puisqu'il a l'insolence d'aimer madame de San Severino.

» — Il aurait dû, en effet, t'en demander la permission.... Sois plus raisonnable ; ne calcules pas sur un combat dont les suites, vainqueur ou vaincu, te seraient par trop fatales; ménages un homme qui, aux yeux du monde, a l'apparence d'être ton protecteur; crains d'être accusé d'ingratitude : c'est le vice le plus odieux et dont il faut même, lorsque l'on en est accusé à tort, ne pas souffrir que la tache nous reste; d'ailleurs envers le duc, tu es un peu le pot de terre et lui presque le pot de fer. Évites donc toute querelle, sois raisonnable, et songes combien tu dois l'être, puisque c'est un fou qui te le recommande.

» — Il aime la princesse!

» — Tu l'aimes bien! l'aimer n'est pas le crime, ce serait de lui plaire, et je crois que le duc n'en est pas venu là.

» — Non, non, car je le verrais chez elle, où je ne l'ai pas encore rencontré.

» — Peut-être qu'il choisit les heures.

» — Je t'en supplie, Telnange, ne te réjouis pas à me désespérer. Que dois-je faire cependant entre la naïve Noéline et la princesse qui domine si étrangement toutes les facultés de mon ame?

» — A ta place, j'arrangerais les choses de manière à les conserver toutes les deux. La probité t'en fait un devoir à l'égard de la jeune fille, et le plaisir te le commande vis-à-vis de madame de San Severino.

» — C'est, je crois aussi, ce qu'il y a de mieux à faire. Noéline est si jolie et la princesse si belle!

» — Et Sophie! et Hermine!

» — Que veux-tu? on ne peut les insulter après leurs bontés pour moi.

» — Tu te formes, Exupère, allons, voici un homme qui a du sens, et qui se prête à la circonstance.

» — Cependant tout me prouve que mon amour est seulement pour la divine Oldanti.

» — Cela va sans dire, elle est la dernière en date; laisses-en venir une nouvelle, et tu jugeras. »

Exupère fut prêt à se fâcher de cette supposition de Telnange. Il sentit pourtant qu'il ne le pouvait pas sans être blâmable; un trouble le saisissait, celui inspiré par sa troisième rivalité avec le duc de Fronsac, et ici comme sa passion était excessive, il se mettait à le redouter beaucoup plus qu'auprès de Noéline, et positivement qu'auprès de Sophie. Il ruminait dans sa tête de quel moyen il fallait se servir pour prévenir contre ce seigneur la princesse napolitaine, lorsque l'abbé Romar parut.

Sa venue causa quelque surprise et presque de la satisfaction au premier page, qui ne se délivrait pas facilement des impressions de la jeunesse. Il n'avait revu le personnage depuis la scène à la sortie de l'hôtel Richelieu, et quoiqu'il eût à se plaindre de la proposition répréhensible faite à Thomas, cependant il ne le reçut pas avec trop de froideur. L'abbé, malgré son effronterie naturelle, se montra embarrassé dans le début; il craignait qu'on ne connût ses méfaits, et à mesure qu'Exupère lui parlait de choses indifférentes, sa confiance revenait et son hypocrisie avec. Il conta des histoires, mentit pour achever de reprendre son aplomb, et en vint jusques à gronder Exupère de la vie désordonnée qu'il menait.

Telnange, à la tournure de cette conversation, ne se jugeant plus nécessaire, prit congé de son ami, qui l'accompagna jusques dans l'antichambre. Exupère en rentrant trouva l'abbé auprès de la table sur laquelle il avait naguère jeté les lettres des deux demoiselles de l'Opéra, et en posture d'essayer à les lire sans cependant les toucher de la main.

« Abbé, cria Exupère dès la porte, comme lorsque je suis chez vous il ne me prend aucune fantaisie de vérifier les mémoires de votre blanchisseuse, je vous demande de ne pas examiner les papiers qui sont épars chez moi; la curiosité, vous le savez, causa la perte de notre première mère, il ne faudrait pas qu'elle troublât la digestion d'un saint ecclésiastique de nos jours. »

Romar pris en flagrant délit, n'essaya pas de repousser cette attaque avec les ressources de feu M. Tartufe. Il rougit, balbutia quelques phrases d'excuse, et après s'être informé des nouvelles de la santé du marquis et de la marquise de Mauran, il fit un salut comme pour prendre congé;

mais tout à coup, et frappé sans doute d'une idée subite, il s'arrêta, et prenant l'air piteux d'un solliciteur qui veut intéresser, il dit à Exupère :

« Mon cher disciple, est-ce bien l'illustre princesse de San Severino que vous conduisiez hier au soir à l'Opéra ?

» — Oui certainement.

» — Dans ce cas, si vous vouliez me présenter à elle, son crédit me servirait beaucoup à Rome pour la prompte expédition de mes bulles, dès que j'aurai obtenu le prieuré de Fon-[illegible]ude.

» — Moi prendre ce soin ! Dieu m'en garde ! répliqua Exupère, ce serait vous enlever la douce satisfaction d'arriver de vous-même chez elle à la faveur de mon nom; qui sait si déjà la chose n'est pas faite?

» — Une carte peut être jetée à une porte sans tirer à conséquence et sans que cela vous blesse en rien.

» — Et vous l'avez fait?

» — Oui, tout-à-l'heure me flattant que vous ne refuseriez pas d'être mon conducteur, j'ai cru qu'il était bon que ma personne ne fût pas inconnue, et mon nom laissé chez le suisse, aura rempli ce but. »

Ceci parut trop plaisant au comte de Mauran, qui se mit à rire.

« Amusez-vous, mon enfant, dit l'abbé, mais mettez-moi en rapport avec madame [illegible] Severino.

» — Oh! vous [illegible] en voudriez pas

au diable qui vous mènerait dans une maison en faveur.

» — Non, si mon prieuré était au bout.

» — Eh bien! soit, revenez demain ou après, et si Oldanti le permet, vous seriez trop heureux que d'être admis dans son antichambre.

» — Exupère, j'ai maintenant la certitude de lui devoir mes bulles gratis.

» — Et pourquoi, s'il vous plaît?

» — Ne l'avez-vous pas appelée de son nom de baptême? le feriez-vous si une douce intimité....

» La charité, la religion, abbé.

» Tout cela gagnera si j'obtiens un nouveau bénéfice. »

Exupère chagrin d'avoir permis à

la sagacité du méchant ecclésiastique la lecture des sentimens secrets de son ame, ne lui répliqua pas et témoigna le désir de sortir.

« Ne vous gênez pas, mon cher disciple, lui fut-il dit, et si vous allez chez quelque grand seigneur, souffrez que je vous y accompagne.

» — Et si j'allais chez une actrice?

» — Hélas! on assure qu'il y en a qui ont grande influence sur notre prélature, et si vous en rencontriez qui voulussent me servir.....

» — Vous leur accorderiez une bonne absolution *in articulo mortis*?

» — On ne peut avoir assez d'indulgence pour le pécheur repentant. »

L'abbé s'éloigna de son côté et le premier page du sien. Celui-ci courait en toute hâte rue des Filles-Saint-Thomas causer pendant une seule minute avec Sophie, qui n'était pas encore venue. La vieille Dumont, chargée de la réception du jeune homme, s'en acquittait toujours de plus en plus avec mauscaderie et répugnance; cette fois, dès qu'elle le vit :

« Ah ! vous voilà encore, objet de perdition pour nos demoiselles et qui les détournez du bon chemin? n'êtes-vous point las de jouer un riche seigneur qui paie grandement, et pensez-vous qu'on vous aimera toujours pour votre jolie figure?

» — Ce ne sont point choses à discuter entre nous, répliqua Exupère, votre bon chemin est, ce me semble, une voie furieusement détournée; je vous engage, Madame, à m'épargner désormais vos remontrances : elles me fatiguent et ne me changeront pas.

» — Pauvre étourneau, répartit la femme, quand je te parle ainsi, c'est moins par intérêt pour ma fille que par compassion pour toi. La vie ne te semble pas assez vaste, tant tu te flattes de la parcourir dans son immensité. Eh bien! tu seras trompé dans ton attente ; tu n'es pas ni au bout, ni à la moitié, ni au quart de la route..... J'ai tiré cinq fois les cartes pour toi, elles te sont toutes funestes ; le roi de pique te poursuit à cause des trois dames de cœur, de carreau et de trèfle qui t'en veulent ; songes à cela et amende-toi. »

Le page se mit à rire, le jeu du

tarot ne l'épouvantait point; il cessa d'y songer Sophie bientôt étant arrivée; il y songea deux heures après bien moins encore, car il était auprès de la princesse de San Severino.

CHAPITRE XV.

L'adresse d'une fille du monde.

Virtute semper prævalet sapientia.
PHÈDRE, liv. 1, fab. 13.

Toujours le plus fort est vaincu par le plus adroit.

Il était jour chez Sophie de Lagrange; sa marchande de modes venait de sortir, sa faiseuse de corsets attendait qu'on l'appelât; mais cela ne pouvait avoir lieu encore. Une discussion importante avait lieu entre la belle danseuse d'une part et la célèbre Guimard de l'autre. Deux objets la composaient : une nouvelle forme de chapeau à adopter, et une débutante qui enlevait les suffrages, et que par conséquent on déchirait avec ardeur ; des propos entrecoupés de chiffons et de malice, de satisfaction et d'aigreur, se succédaient rapidement. Ces deux demoiselles avaient une égale vivacité à décrire la coupe de la coiffure naissante et à médire de leur compagne, qu'elles ne s'apercevaient pas de la rapidité des heures.

Madame Sobert lasse d'attendre, appela mademoiselle Gotte, première femme de chambre de Sophie, et la pria de faire ressouvenir sa maîtresse qu'une ouvrière était là depuis près de deux heures, et qu'elle préférerait retourner à sa boutique, car alors, même parmi les plus hupées faiseuses de corsets, il n'y avait pas de magasin. La soubrette remplit son message, et Sophie, dans sa stupéfaction de l'audace de madame Sobert, fut sur le point de la congédier sans lui avoir parlé; mais, attendu l'excellence du travail de cette femme, il fut décidé qu'on lui pardonnerait.

Elle entra donc. Peut-être le premier instant fut dur pour elle; mais les merveilleux corsets mis en vue déridèrent le front de la superbe actrice, qui commença à jaser sur autres frais.

« Pour qui, demanda-t-elle, est ce corps de robe que vous placez à l'écart avec tant de soin?

» — Pour une dame de haut rang,

répondit l'ouvrière, étrangère et nommée la princesse de San Severino; elle est, d'ailleurs, aussi belle que noble et riche.

» — Ah! dit aussitôt mademoiselle Guimard, la merveille en vogue à Versailles! Je tiens du maréchal de Soubise qu'elle y fait la pluie et le beau temps; du reste, ma petite, je te recommande de la haïr le plus que tu pourras; car, certes, tu es en droit de ne pas la ménager.

» — Et pourquoi, s'il vous plaît? répliqua Sophie.

» — Pourquoi, ma reine! parce que les hommes sont tous des monstres qui ne valent pas les soins que nous prenons pour les tromper. Je sais de bonne source que tandis que, colombe fidèle, tu gardes au duc de Fronsac une foi bien respectable, lui s'amuse à coquetter autour de cette Italienne qui, d'ailleurs, commence à s'afficher avec un tout jeune homme, un échappé des pages que l'on désigne, si je m'en rappelle bien, sous le titre du comte de Mauran. »

Si mademoiselle Guimard s'était doutée que le chagrin qu'elle ferait à sa chère amie redoublerait par la seconde partie de sa médisance, elle en aurait eu trop de bonheur; mais ignorant de tout point l'intrigue de Sophie avec Exupère, elle n'espérait la tourmenter qu'en lui montrant le duc de Fronsac sur les limites d'une infidélité positive. Sophie se garda bien de lui laisser connaître le double coup dont elle la frappait, et tournant sa tête de manière à ce que le jour n'éclaire pas ses traits, elle attendit pour reprendre sa position première que l'altération de son visage eût cessée.

L'amie ne s'aperçut de rien; elle continua :

« Que te sembles de la conduite du duc? elle est affreuse; et hier, chez moi, à souper, tu fus l'objet d'une pitié unanime. J'étais venu ce matin pour en causer avec toi; eh bien! j'allais partir en l'oubliant, à tel point ce maudit chapeau m'a troublé la cervelle. »

Sophie répondit froidement qu'elle était reconnaissante envers ces demoiselles de la part qu'elles prenaient à sa fortune ; mais qu'elles devaient se rassurer, car rien ne l'alarmait elle-même. Le duc aime à se répandre, à faire du bruit ; la conquête d'une étrangère brillante, fêtée et à la mode lui a plu ; c'est une distraction, et ce ne peut être un sentiment.

Plus Sophie parlait avec calme, plus elle amoindrissait l'importance de l'affaire, et mieux elle repoussait vers mademoiselle Guimard la flèche maligne qu'on avait lancée droit à son cœur ou tout au moins à son amour-propre. Sa petite vengeance lui réussit : la maîtresse du prince de Soubise, étonnée de son indifférence, en fut au fond très dépitée et le cacha maladroitement ; ne pouvant plus soutenir la conversation, elle se leva et prit congé de son excellente amie qui, demeurée seule, se livra à son désespoir.

Le mot est fort et vrai : peut-être Sophie avait d'elle une si haute opinion, que la pensée qu'on pût lui préférer une autre femme la faisait sortir des bornes de la prudence, et la rendait capable de toutes les folies qui peuvent germer dans la tête d'une jolie femme; elle s'était éprise d'une sorte de passion véritable pour le jeune Exupère, et son cœur et sa vanité souffraient d'avoir à lui reprocher une nouvelle infidélité; elle était disposée à lui écrire, déjà même prenant place à son secrétaire, elle préparait le papier, lorsque le bruit de la voiture du duc de Fronsac se fit entendre. Se lever promptement, fermer le secrétaire, prendre un livre et paraître méditer, fut l'acte précipité de la danseuse. Le duc entra : il n'était ni gai ni triste, cependant son visage ne portait pas cette sérénité de la fortune satisfaite; en l'examinant bien on aurait reconnu qu'il cherchait à se vaincre, à paraître ce qu'il n'était pas alors.

Sophie, qui ne fit pas attention à ceci, le reçut avec ses prévenances accoutumées, courut à lui, se jeta dans ses bras et se plaignit de la longueur de son absence.

« T'en es-tu aperçue, ma petite? lui dit-il avec une familiarité plus marquée que de coutume; ne sais-tu pas te distraire lorsque mes occupations m'entraînent loin de toi?

» — Hélas! reprit-elle, à quoi servent les distractions, lorsque l'ame les repousse? vous ne comprendrez jamais à quel point vous m'êtes cher!

» — Oh! que si, je suis très en position de l'apprécier aux témoiguages que tu m'en donne; certes il faudrait que je fusse bien aveugle si je ne voyais un peu clair dans ton cœur.

» — Vous parlez avec un ton de doute, vous persiflez peut-être? je vous conviendrais mieux si je vousimitais.

» — Dieu t'en garde pour toi comme pour moi! mais qui te fait supposer que je plaisante? est-ce parce que je ne me monte pas au sentiment comme une serinette bien accommodée? je n'en ai pas le loisir; d'ailleurs j'ai la tête remplie de la position d'un galant de ma connaissance qui me frappe malgré moi. En vérité il y a des hommes joués d'une étrange sorte ; ils le méritent peut-être, et tu vas me donner là-dessus ton avis.

» — Allons, monsieur le duc, encore quelque histoire scandaleuse? quelle méchanceté sur le compte d'une pauvre femme? Nul de vous les épargne, vous vous faites un jeu d'en rapporter ce que vous savez, et plus encore ce que vous ne savez pas.

» — Non, ce que j'ai à t'apprendre n'est que trop réel; les preuves en existent : je puis même les mettre sous tes yeux si tu persistes dans ton incrédulité, et si je le fais tu me diras ensuite si les hommes ont toujours tort et les femmes constamment raison.

» — Qu'est-ce enfin ? dit Sophie à

moitié intriguée et ne devinant cependant rien de qui se préparait.

» — Il y a de par le monde, reprit le duc, un imbécile de mes amis qui aime ou croit aimer une personne charmante : celle-ci, selon l'usage, l'adore de son côté, le lui dit du moins, et se conduit en apparence de façon à le lui faire croire; lui-même en est convaincu. Eh bien! j'ai découvert que cette princesse candide le trompe, se moque de lui. Je suis parvenu à en obtenir une certitude irrécusable dans un billet de la dame saisi chez un tiers cavalier. Cette pièce est dans mes mains, et je me prépare à la faire passer dans celles de mon ami.

» — Vous feriez là, dit Sophie avec chaleur, une action odieuse qui assumerait sur vous un blâme général. Ah ! monsieur le duc, en seriez-vous capable ?

» — Je dois éclairer mon ami.

» — Vous devez respecter son ignorance et craindre de l'en retirer.

» — Je vois les choses autrement.

» — Et point comme il convient de les voir.

» — Faut-il souffrir qu'une vile créature, par son hypocrisie, trompe un honnête homme ? qu'elle lui fasse accroire ce qu'elle ne pense pas ; qu'elle reçoive de lui existence, fortune, bien-être, tout enfin, pour se moquer de son bienfaiteur ? et je souffrirai une pareille conduite ! et moi qui peut la punir, je ne la punirai pas !

» — Mon Dieu ! monsieur le duc,

avec quelle véhémence vous prenez une cause étrangère ! Que vous importe au fond qu'un sot soit joué par une coquette ; qu'elle punisse par ses perfidies une suffisance ridicule et à laquelle il ne se confierait pas s'il avait le sens commun ! D'ailleurs lui-même en vaut-il la peine ? Est-ce un honnête homme, là, qu'en savez-vous ?

» — Ce que j'en sais, mademoiselle, ce que j'en sais.... Oui, vous avez raison, c'est un sot, une dupe, un imbécile, du moins il l'a été ; mais dorénavant, grâce à cette lettre, il ne le sera plus. »

En prononçant ces derniers mots avec un dépit débordé qui ressemblait à de la colère, M. de Fronsac sortit de la poche de son gilet la lettre fatale ; dès que Sophie la vit à la portée de sa main, elle s'élança dessus, la saisit en disant :

« Que je vous empêche malgré vous de commettre un cas répréhensible. »

Le duc ne défendit aucunement ce papier et le laissa prendre comme s'il eût été bien aise qu'on le lui arrachât. La facilité de cette conquête surprit Sophie ; mais à quel plus haut degré monta son étonnement, lorsque sur cette lettre elle eut reconnu sa propre écriture, en y portant un coup-d'œil rapide..... C'était la première qu'elle avait écrite à Exupère pour lui donner un rendez-vous à la demeure de sa mère, rue des Filles-Saint-Thomas, et qui avait été remise au premier page au milieu d'un souper que ses camarades lui donnaient.

Qui exprimerait la confusion de Sophie à ce témoin muet et qui pourtant déposait contre elle avec tant d'éloquence ! Elle resta un instant confondue, ne pouvant ni parler, ni voir, ne sachant où elle était, ce qu'il fallait faire et par quelle issue se sortir de ce mauvais pas. Le duc se maintenait impassible devant elle, jouissant de son triomphe et de l'art avec lequel il avait enfermé cette créature dans ses propres filets, et riait de ce rire infernal que les démons expriment en face de leurs victimes; il s'applaudissait de sa vengeance et de sa méchanceté.

Cependant Sophie comprit qu'il n'y avait pas un moment à perdre si elle voulait se sauver, et pour y parvenir il fallait tenter un coup de maître. Elle espéra que ce seul billet, parmi tous ceux qu'elle avait écrit au premier page, existait au pouvoir de M. de Fronsac, qui d'ailleurs l'avait annoncé en ne parlant que de lui; hors le billet ne disait rien de positif, indiquait seulement un rendez-vous dont le but n'était ni avoué ni désigné; on ne pouvait donc en tirer une preuve formelle de culpabilité : on la trouverait sans doute cette preuve dans les autres lettres; le duc les avait-il? Si cela était, Sophie se voyait perdue; s'il ne les possédait pas, tout était sauvé. Dans cette incertitude, il convenait d'accorder beaucoup au hasard, et ce fut en partant de ce principe qu'elle débuta.

« En vérité, dit-elle en affectant une sévérité extrême, voilà, je dois en convenir, beaucoup de bruit pour bien peu de crime. Quoi! monsieur, ne peut-on écrire à un de vos amis, l'appeler auprès de soi pour le prévenir contre une liaison dangereuse, sans passer pour coupable à vos yeux? Vous me présentez le comte de Mauran comme une sorte de pupille dont vous deviez répondre, vous paraissez lui vouer de l'affection, il papillonne autour d'une fine rusée qui peut le perdre, et tout au moins l'égarer beaucoup ; ma délicatesse répugne à le laisser s'enfoncer dans une intrigue dangereuse à sa fortune, à sa santé, à sa réputation; je veux vous sauver un chagrin, un blâme, que sais-je? alors je forme un projet bien innocent....

» — Oh! peste, s'écria le duc, quelle innocence! au lieu de mander ici M. de Mauran, vous le conviez dans un lieu écarté, chez une vieille abbesse qui certes paiera cher le bon office qu'elle vous a rendu: avant que demain le soleil se couche, elle-même reposera dans un des dortoirs de la Salpêtrière.

» — Faites à votre fantaisie, monsieur, accablez du pouvoir, d'un crédit injuste une femme malheureuse qui ne vous a rien fait.

» — Que trop, parbleu! en vous prêtant asile.

» — Eh! monsieur, c'est cette infortunée qui m'aidera à faire éclater combien peu je songeais à me rendre coupable ; savez-vous qui elle est ? à quel titre je l'aime ?... c'est ma mère !

» — Votre mère ! miséricorde !...

» — Oui, monsieur le duc, ma mère que vous méprisez parce qu'elle est pauvre et qu'elle s'enveloppe de sa vertu. Aurais-je osé conduire chez elle un nouvel amant ? la rendre complice de ma faute ? la déshonorer par ma conduite scandaleuse ? j'en suis incapable et elle ne l'aurait pas souffert. Accusez-moi d'imprudence, d'étourderie, de tout ce qui vous plaira, je le mérite peut-être ; mais douter de mon amour et des sentimens que je vous porte, c'est me percer le cœur et me punir bien sévèrement. »

A la suite de ce propos véhément et débité avec plus de chaleur encore, la rusée Sophie se laissant tomber sur un fauteuil, ne tarda pas à l'inonder de ses larmes. Le duc de Fronsac, non convaincu néanmoins de la sincérité de sa maitresse, mais embarrassé pour la convaincre, puisqu'enfin aucun mot d'amour, aucune expression de tendresse n'étaient contenus dans cette fatale lettre, se promenait à grands pas, parlant à voix basse, donnant au grand diable d'enfer cette mère malencontreuse, que lui-même avec peu d'adresse ou plutôt sans le vouloir, avait jeté sur son propre chemin. Il ne savait plus que dire, il cherchait le moyen de ressaisir l'avantage qui lui échappait, lorsque Sophie reprenant la parole :

« Ce qui m'arrive, dit-elle, m'a été prédit, il y a peu de temps; vous vous lassiez de mon amitié, elle déplaît parce qu'elle est trop entière; vous cherchez un prétexte pour rompre avec moi, et cela parce qu'une nouvelle passion vous égare....

» — Quel conte! dit le duc.

» — Me nierez-vous, monsieur, ce qui frappe tout Paris, ce dont on parlait publiquement hier chez mademoiselle Guimard? n'êtes-vous pas amoureux à délirer de la princesse San Severino?

» — Ah!...

» — Je vous surprends; vous vous flattiez que j'étais aveugle; on m'a tout appris: mon malheur et votre infidélité.

» — Au fond de la mer les commères, les bavardes, les rapporteuses, dit le duc en frappant la terre du pied: on ne pourra dorénavant s'approcher d'une femme de bonne compagnie sans devenir son adorateur.

» — Oh! monsieur le duc, on sait distinguer les soins respectueux de la tendresse empressée. C'est cette dernière que vous avez pour cette dame, mais vous soupirez en vain : il y a auprès d'elle un plus heureux amant; celui-là me vengera de votre odieuse jalousie et de l'infidélité qui la met en avant.

« — Je voudrais connaître, dit le duc avec dédain, ce mortel fortuné que vous supposez l'emporter sur moi. »

La prudence aurait dû commander le silence sur ce point délicat à Sophie, qui devait craindre de rapporter trop l'attention de son amant irrité sur le premier page, mais elle s'abandonna, car la colère l'emportait aussi, au péril dangereux de faire au duc une profonde blessure, et sans calculer les suites de cette funeste révélation, elle désigna Exupère de Mauran.

A peine ce nom eut été prononcé, que la danseuse s'aperçut de la faute qu'elle venait de commettre. Le visage de M. de Fronsac se couvrit d'une pâleur cadavéreuse; ses traits se crispèrent, et il jaillit de ses yeux des éclairs horriblement menaçans, tandis que lui-même s'écriait :

« Il faut convenir que ce jeune homme est bien heureux, et que la fortune se plaît étrangement à le placer sur ma route ! Je ne lui rends service que pour que tout tourne à mon désavantage et à ma confusion, soit que la chose arrive : ainsi on ne peut éviter la destinée, et je dois m'y soumettre. »

La manière dont cette soumission était promise devait faire frémir. Ce fut alors que Sophie trembla sincèrement ; mais que pouvait-elle faire? de vains palliatifs guériraient-ils sur-le-champ une blessure aussi récente? Non, sans doute. Ce qu'elle devait essayer était de raccommoder sa querelle particulière. Le duc n'y donna plus aucune attention ; il parla avec froideur, écouta, admit l'explication qui lui fut donnée, la reconnut bonne et valable, et s'engagea à ne plus revenir sur un point que par le fait il n'était pas facile d'éclaircir.

Tandis que la colère de ce seigneur était détournée, une pensée vint aussi au secours de Sophie, le ridicule que répandrait sur lui une rupture éclatante avec elle. Il s'était vanté si souvent de la fidélité de cette créature, que l'abandonner en motivant la cause de la retraite serait s'attirer une nuée de brocards désagréables, et que le public malin n'épargnerait pas; le duc savait qu'il était peu aimé, et il redoutait qu'en fournissant un prétexte à la moquerie universelle, il ne se perdît entièrement dans l'esprit de ses concitoyens.

Telle réputation en France qui survit à la haîne qu'on lui porte, disparaît complètement lorsqu'on l'attaque avec l'arme du ridicule : c'est parmi nous la meilleure façon de tuer ses ennemis.

CHAPITRE XVI.

Le calme précède l'orage.

Voyez à l'horizon ce nuage trompeur,
Son éclat nous dérobe une sombre vapeur.
Recueil des Jeux Floraux.

Sophie, quelque peu rassurée sur son avenir, éprouva dès ce moment une vive inquiétude pour le compte du premier page; trop adroite pour la manifester dans le moment, elle parut indifférente à sa cause, et ne chercha nullement à calmer le courroux de M. de Fronsac: il était grand, et d'autant plus que l'orgueil, la vanité, l'amour-propre du duc étaient attaqués à-la-fois dans leurs nuances distinctives. Il ne pouvait s'accoutumer à la certitude que ce jeune homme, ou, pour mieux dire, cet enfant, au lieu d'être sa dupe ou sa victime, le combattrait avec avantage et l'emporterait constamment sur lui.

Mais comment devait-il s'y prendre pour le perdre? de quels moyens se servirait-il? Ceci ne se rencontra pas au premier aperçu; il lui fallut chercher et reculer sa vengeance, afin de la mieux assurer. Dès ce moment, au lieu de manifester à l'égard d'Exupère la moindre mauvaise humeur, la plus légère impatience, il s'efforça d'être plus aimable et affectueux envers lui ; redoubla de soins, de prévenances ; l'invitant plus souvent, l'admettant sans cesse aux parties de plaisir qu'il faisait avec les seigneurs à la mode ; il prit plaisir surtout à le rapprocher des chefs de la littérature, et à lui faire voir tous les auteurs de classe inférieure ; il le conduisit en outre chez Contat, chez Sophie Arnould, Raucour, madame Vestris ; en un mot, partout où la foule abondait, et où Exupère trouvait des divertissemens propres à son âge.

Il ne négligea pas non plus de le présenter dans ces maisons dangereuses où l'on jouait un jeu de malédiction ; il l'excita à prendre le goût de cette distraction prétendue, si pernicieuse à la santé, à la réputation et au bien-être des hommes. Il tâcha de le cuirasser contre les avis sages qui l'en auraient détourné: enfin la guerre qu'il lui déclara, quoique sourde et cachée, n'en fut pas moins constante et terrible dans sa véhémence soutenue. Ce que je décris ici ne se fit pas tout de suite, et les événemens que je vais raconter cheminèrent en même-temps.

Dès que Sophie fut demeurée seule, elle tint conseil avec sa raison, qui lui inspira, sinon une rupture complète avec Exupère, mais au moins des précautions de prudence qui ne la missent plus dans le péril dont elle venait de se sortir. La première consista à renoncer à tout rendez-vous chez sa mère, à ne plus voir Exupère quo chez elle ; car enfin le duc n'avait pas exigé qu'il n'y revînt plus ; à cesser de lui écrire, et enfin à le prévenir qu'il avait été trahi. Elle attendit sa visite qui ne se retarda pas trop, et là, sans faire le récit de la portion de la querelle avec le duc et dans laquelle la princesse napolitaine avait figuré, elle lui rapporta de point en point ce qui s'était passé et le péril qu'elle aurait couru dans toute son imminence, si sa correspondance entière avec le premier page était tombée dans les mains du duc de Fronsac.

Exupère ne chercha pas longtemps qui avait pu le trahir. Il le devina d'abord en se rappelant que la veille l'abbé Romar, demeuré seul dans sa chambre pendant que le chevalier de

Telnange en sortait, aurait pu en profiter pour s'emparer de la première lettre rencontrée; Exupère ajouta qu'une seule néanmoins était en vue, celle reçue le matin même, et que pourtant celle-là n'avait pas été prise; les autres, non point renfermées, mais brûlées, étaient hors de tout guet-à-pens; il ne pouvait rendre raison de l'existence du billet qui avait amené la colère de M. de Fronsac, qu'en supposant que par oubli il serait demeuré dans quelque coin où l'abbé l'aurait rencontré. Mais comment Romar, qui ne connaissait qu'à peine et très imparfaitement encore l'existence de Sophie, se serait-il imaginé que cette lettre, sans signature, sans aucune importance réelle, était précisément écrite par elle?

Ce que le jeune page n'expliquait point avait eu lieu de la manière suivante : l'abbé se trouvait chez lui le lendemain du jour où Exupère avait avait eu son premier rendez-vous avec la danseuse ; il aperçut à l'écart sur la cheminée un papier rose qui attira son attention ; il le prit, le lut, et machinalement le mit dans sa poche, sans trop savoir ce qu'il faisait ; mais par suite de cette manie qui le portait à s'ingérer dans les secrets d'autrui, plus tard et gagné par le duc, qui le chargea du soin de veiller sur Exupère et de surprendre ses secrets, avec la promesse, en cas de réussite, de lui faire obtenir le prieuré objet de toutes les actions de sa vie, il s'imagina de présenter ce chiffon de papier demeuré en son pouvoir, comme le résultat de son adresse à remplir la mission qui lui était confiée. Il était loin de se douter de l'effet que sa trouvaille produirait sur le duc de Fronsac. . . . . .

Celui-ci, au premier coup-d'œil, reconnut l'écriture de sa maîtresse ; il ne douta point dès-lors qu'elle ne lui eût été infidèle, et ne pouvant prendre sur lui de cacher cette découverte fâcheuse à son amour-propre, il s'était empressé de venir faire la scène dont j'ai rendu compte dans le chapitre précédent, scène qui ne le satisfit pas complètement. Pour en tirer un meilleur parti, pour confondre Sophie de manière à lui enlever toute possibilité de nier sa perfidie, il aurait dû patienter afin de multiplier les preuves ;

mais en cette circonstance il fit comme nous faisons tous : le désir impétueux de se fâcher l'emporta sur la nécessité d'une conduite plus lente. Il éclata, et manqua d'armes pour soutenir avec avantage une lutte entamée maladroitement. Aussi, loin d'en remporter la victoire, fut-il contraint presque à s'avouer vaincu ; sa conviction intime lui resta, sans doute, mais il ne trouva aucun appui sur lequel il pût l'établir solidement.

Exupère, instruit de tout par Sophie, lui demanda ce qu'il devait faire dans cette occurrence ; il penchait pour éviter avec le duc une explication, et cela par un motif tout généreux : sa loyauté ne lui permettait pas de s'engager à répondre le contraire de la vérité ; il savait qu'un excès de franchise nuirait à Sophie, et il n'avait ni les moyens de la dédommager de la perte que lui occasionnerait une rupture avec le duc, ni la fantaisie de le remplacer entièrement auprès d'elle. Dès-lors, ce qu'il convenait le plus était de se tenir sur la défensive et d'éviter toute attaque directe, loin de la rechercher.

Sophie, par un autre calcul, se méfiait d'une explication dont elle aurait été nécessairement la victime; si bien que loin d'y amener le page, elle l'en détourna. Exupère eut besoin de faire un appel à une dissimulation étrangère à son noble caractère. Lorsqu'il se retrouva avec le duc la première fois après ces événemens, il ne voulait paraître ni gêné, ni arrogant ; mais conserver ses manières accoutumées et le ton d'une aisance sans familiarité, qu'il avait employé constamment dans ses rapports avec M. de Fronsac; il craignait enfin la mauvaise mine que celui-ci pourrait lui faire. Loin de paraître lui en vouloir, jamais le duc ne le reçut mieux, ne le traita avec plus d'abandon. Il est vrai que deux ou trois plaisanteries légères eurent l'air de faire allusion à ce qui s'était passé ; mais les expressions en furent tellement vagues et si peu directes, que le page put et dut les prendre pour des généralités qui ne tombaient aucunement d'à-plomb sur lui.

Rassuré par ce ton habile, il rentra dans cette sorte d'apathie qu'il aurait évitée si le duc s'était montré hostile; il se reconnut presque des torts envers lui, et se promit d'éviter de le tourmenter davantage, mais en même-temps il prit des mesures contre le peu de délicatesse de son ex-professeur, en interdisant à Thomas de lui livrer jamais l'entrée de sa chambre que lorsque lui, Exupère, s'y trouverait, et en écarterait les visites que ce méchant prêtre s'était remis à trop multiplier.

Cependant toujours assidu auprès de la princesse, il ne vivait que pour elle, et la princesse, de son côté, s'abandonnait à une passion non moins vive pour le beau page; ils ne se quittaient guère. Le duc de Fronsac ne venait plus dans cette maison que de loin en loin; il semblait avoir abandonné des prétentions non exaucées, et se résoudre à jouer le rôle d'ami à défaut de celui d'amant : c'était au moins le jeu extérieur qu'il jouait. Exupère en perdait sa défiance, et parce qu'il était de bonne foi, il lui en coûtait de douter de celle des autres.

Un jour, au moment d'entrer chez la princesse et comme il franchissait la porte de la rue, il se heurta presque dans un individu qui sortait de la cour; il le regarda... c'était l'abbé Romar. La vue de ce personnage et surtout en pareil lieu, alluma sa bile.

« Persécuteur infatigable de tous ceux que je fréquente, lui dit-il en le saisissant par le bras, que venez-vous faire ici? Avez-vous eu l'audace de vous présenter à la princesse et de vous targuer encore de mon nom?

» — Je l'aurais fait sans mériter aucun blâme, répondit Romar en s'efforçant de dissimuler le dépit que lui occasionnait cette rencontre fâcheuse, puisque vous me devez assez de reconnaissance pour que je prenne le droit de l'exploiter à mon profit; mais comme je vous connais, comme vous n'avez pas déguisé le peu d'intérêt que vous me portez, je n'eusse pas voulu vous procurer le plaisir de crier après moi. Non, Monsieur le comte, je n'ai point comparu devant son altesse. Mais, me rappelant mieux que vous la promesse que vous m'aviez faite de m'amener à ses pieds, j'étais venu tout à l'heure vous attendre ici dans l'espérance que vous saisissant au passage, il ne vous serait plus possible d'éluder de tenir votre engagement.

» — Et c'est la première fois que vous établissez ici votre corps-de-garde?

» — Non, mon enfant, c'est la sept ou huitième; car j'avais bon désir de vous rencontrer. »

Quand on écoute de pareils propos, il faut ou se fâcher de manière à ne pouvoir s'accommoder avec celui qui les tient, ou rire de son extravagance. La conduite déloyale de l'abbé commandait peut-être le premier parti. Exupère ne prit ni l'un ni l'autre; il se contenta de répondre avec froideur que ses intentions étaient changées depuis quelque temps, et que rien ne le déciderait à présenter à la princesse de San Severino des personnes tout en dehors de sa société accoutumée. Cette réplique aurait dû animer l'abbé contre son ex-disciple : il la reçut avec plus de douceur qu'Éxupère ne l'attendait ; il se contenta de balbutier quelques mots d'ingratitude, de mauvais procédés, d'oubli des devoirs et du passé, puis il s'éloigna sans saluer et fort accablé.

Exupère trouva la princesse singulièrement émue et cherchant à surmonter une peine secrète. L'œil d'un amant reconnaît d'abord ce qui agite la femme qu'il aime : Exupère lui dit qu'elle n'était pas calme, il lui en demanda le motif.

« J'ai reçu, répondit-elle, de fâcheuses nouvelles de Naples; la perte d'une personne de ma famille à laquelle j'étais très-attachée me plonge dans une vive douleur. »

Cette explication fut donnée avec simplicité; le jeune page essaya d'offrir à la belle Oldanti les consolations en son pouvoir; mais elle, trop dominée par son chagrin, refusa de les recevoir dans ce moment, et se tint envers lui sur le ton d'une réserve qui ne lui était pas ordinaire. Il en ressentit une douleur vraie, tant il aimait avec passion. Il contemplait sa maîtresse pâle, accablée et souffrante; il se voyait repoussé lorsqu'il lui eût été si doux de lui faire oublier l'univers.

Oldanti à plusieurs reprises témoigna le besoin de demeurer seule. Il ne put enfin éluder de la comprendre, et il se retira, se promettant de ne point tarder à revenir le lendemain. Il y a dans la vie des momens où une vague mélancolie atteint l'ame et la prépare à une longue série de malheurs, où des pressentimens que rien ne justifie en apparence, troublent notre sécurité, sans pour cela nous rien faire connaître du revers qui nous menace; alors notre cœur est flétri, notre ame abattue; on manque de force et de vivacité; l'œil devient terne, le visage pensif; on tressaille au moindre bruit; on redoute des maux que la veille on aurait affrontés en riant; on se cherche des secours contre des périls à naître; on se questionne sans savoir se répondre ; on sonde les profondeurs de l'ame, et on est tout surpris de ne rien y rencontrer de ce qu'on redoute. Il est rare que de pareils états, que des prévisions autant solennelles ne soient pas suivis de funestes réalités. D'où nous viennent ces avertissemens ? Quelle source les fait naître ? Oh ! que notre ignorance est profonde ! Nous qui, interrogeant sans cesse la nature et le ciel ne pouvons deviner ces rapports mystérieux entre notre être et ce qui nous environne, entre la portion de la divinité existant dans nous et les événemens qui ne sont pas nés encore dans nous ! Combien les raisonnemens de la science orgueilleuse qui se flatte de tout expliquer, et qui repousse tout ce qu'elle ne comprend pas, sont petits et mesquins avec leur prétendue vérité positive qui, dans ce cas, n'est que l'aveu complet de son insuffisance !

CHAPITRE XVII.

L'Amour ingénu.

> L'amour n'est pas un feu qu'on renferme en une ame,
> Tout nous trahit, la voix, le silence, les yeux.
>
> RACINE, *Andromaque*, act. II, sc. 2.

Dans la rue de Berri, au Marais, au fond d'une maison d'assez belle apparence, on trouvait un petit logement tourné au midi et donnant sur un jardin; là on voyait des pigeons courir sur les allées sablées ou prendre leur vol léger et rapide vers leur colombier voisin; une cage immense appuyée contre un joli arbuste, qui la couvrait de ses rameaux verdoyans, renfermait des serins, des chardonnerets et d'autres oiseaux, dont le chant et les jeux réjouissaient les regards; une tonnelle bien abritée contre les rayons du soleil, ornait au coin une pelouse verte environnée de pots de fleurs et garnie de rosiers, de seringats, de jasmins, de résédas, d'héliotropes, achevait d'embellir le petit réduit, qu'un rideau d'arbres de haute-futaie défendait presque tout entier contre la curiosité des voisins.

Là une jeune personne, véritable nymphe par l'élégance de sa taille, la grâce de sa tournure et la juvénillité de ses formes aériennes, passait la plus grande partie du jour; elle s'occupait à soigner la volière, à surveiller les pigeons, à nettoyer, à arroser les plantes qu'elle aimait particulièrement; broder encore, soit des nœuds d'épée, soit des vestes élégantes; lire quelquefois, mais rarement, achevait l'emploi de sa journée.

Elle ne sortait jamais, n'avait pour compagne ordinaire qu'une domestique un peu plus âgée qu'elle, très attachée à ses devoirs, point raisonneuse et ne parlant presque jamais de sa maîtresse chez la fruitière du coin voisin.

Cette demeure paisible était absolument fermée à toute visite du dehors; ni homme, ni femme n'étaient admis à troubler la paix intérieure dont on y jouissait; seulement un beau page non revêtu de son brillant costume, mais dans un négligé que l'on appelait alors *chenille*, venait fort souvent, presque tous les jours, quand son service le lui permettait, voir cette jeune personne; il passait auprès d'elle de longues heures, qui s'écoulaient avec la rapidité de l'éclair, et lorsqu'il fallait partir, c'était avec la ferme résolution de prolonger le moins possible une absence qui faisait tant de mal.

Noéline, car c'était elle, voyait la retraite d'Exupère avec autant de chagrin; son seul bonheur était de l'avoir auprès d'elle et de penser à lui jusqu'à son retour, quand il n'y était pas; sa vie s'écoulait sans aucune inquiétude et sans avenir, car elle n'y songeait pas: le présent était tout pour son cœur; peu instruite, n'ayant qu'un cercle d'idées rétrécies, ignorant le monde, qu'elle n'avait pas même entrevu, sa position ne l'inquiétait point. Le duc de Fronsac lui avait déplu par son audace, aussi l'avait-elle repoussé avec dédain. Exupère avait parlé à son ame, et cette ame s'était abandonnée, non à la séduction, mais à son doux penchant; nul remords ne la troublait, elle croyait avoir bien fait, et c'était sans rougir qu'elle vivait sous la protection d'un jeune homme. La rente que son père avait laissée sur sa tête suffisait à son existence simple. Les inutilités dont Exupère l'environnait ne lui causaient qu'une légère satisfaction et ne la rendaient pas plus avide. Son bonheur consistait dans son amour, et cet amour partagé ne lui laissait aucun désir à former.

Cependant, depuis un peu de temps, cette joie si pure, ce contentement si complet, recevaient de pénibles atteintes ; depuis qu'Exupère avait été rendu à son indépendance, il se trouvait avoir moins de temps à lui donner. Les soins que le jeune homme rendait au monde étaient plus exigeans que ses devoirs; il paraissait plus rarement chez Noéline, et ses visites ne se prolongeaient pas autant. Il avait chaque fois une raison nouvelle, soit pour avoir négligé de venir lorsqu'il était attendu, soit pour quitter la jeune fille.

Ce n'eût été encore aux yeux de celle-ci qu'un mal moindre, mais une chose l'occupait bien davantage : l'inattention qu'Exupère avait pour elle.

Il paraissait trouver peu de plaisir en sa compagnie; bâillait, se promenait, s'occupait beaucoup des pigeons, des fleurs, de la volière, comme si Noéline n'eût pas été là. Ses propos étaient dépourvus d'abandon, ses expressions moins ardentes, et une certaine langueur régnait au milieu de ses transports. Il y a dans ceux qui aiment véritablement un thermomètre sensitif propre à leur faire apprécier le véritable degré de tendresse de la personne de leur choix ; ils s'aperçoivent de ce qui ne frappe aucunement des yeux inatentifs; ils sont avertis que l'amour diminue par une foule de traits légers qui forment des preuves fatales par leur nombre, et sans que rien paraisse encore, tout cependant les avertit d'un réfroidissement qui fait leur malheur.

Noéline était dans ce cas; nul propos d'Exupère, aucun acte positif ne l'avait prévenue, et néanmoins une voix secrète lui disait que cette flamme qu'on lui avait peinte si brûlante s'attiédissait insensiblement. Elle n'osait pas encore se plaindre, car quel grief aurait-elle mis en avant? aucun sans doute, et pourtant Exupère n'était plus le même. Etait-ce lassitude ou nouvelle passion? Ceci ne pouvait être distingué, et d'ailleurs la solitude profonde dans laquelle vivait la jeune fille ne lui permettait que de conjecturer vaguement ce qui avait lieu dans un monde entièrement étranger.

Alors que faisait-elle? Sa vie passait avec lenteur, au lieu de précipiter sa course; il y avait des instans où Noéline seule se mettait à pleurer sans trop savoir pourquoi, où tout à l'entour lui déplaisait : ses pigeons favoris, ses fleurs les plus belles. C'était Paulette qui la remplaçait dans les soins à donner aux fleurs et aux serins. Ce travail ne lui était plus disputé; Noéline passait des heures entières assise, ensevelie dans des réflexions qui, pour être vagues, n'en étaient pas moins pénibles; par imaginer tantôt ce qui pouvait l'effrayer le plus, et tantôt ce qui la rassurerait davantage

C'était donc au milieu de ces tristes dispositions qu'elle écoulait les instans autrefois remplis par la seule attente d'Exupere et le plaisir de songer à lui. Ce n'est point que son image sortît du cœur de Noéline, mais elle se trouvait environnée des craintes de jalousie, des inquiétudes amoureuses, cortége pénible et désespérant.

Un matin la jeune fille accoudée sur la fenêtre examinait d'un regard inattentif le ciel chargé de sombres nuages; elle ne voyait pas ses oiseaux bien-aimés roucouler devant elle, et par leurs mouvemens gracieux chercher à attirer son attention, lorsqu'elle entendit marcher derrière elle. Le bruit d'un pas bien connu la fit retourner vivement; elle se trouva en face d'Exupère, et lui tendit les bras;

il ouvrit aussi les siens, mais sans vivacité et comme pour répondre par une politesse aux marques d'un amour impétueux. Le fait était trop positif; Noéline ne put le supporter dans la disposition d'ame où elle était alors; aussi pâlissant et rougissant tour à tour et ne sachant pas se commander, elle leva vers son ami ses beaux yeux prêts à se remplir de larmes, et lui demanda ce qui le tourmentait au point de manifester si peu de plaisir à ses empressemens. Cette question troubla Exupère, il essaya de se justifier.

« Non, non, ne le fais pas, dit Noéline; tu aurais mauvaise grâce à prétendre que tu es toujours le même, cela n'est point: n'ajoute pas la dissimulation à une indifférence cruelle. »

Exupère répliqua avec vivacité que la crainte témoignée était chimérique, qu'il était toujours le même, et qu'on l'accusait à tort.

« Que je voudrais en effet me tromper sur l'état présent de ton ame! et pourtant je ne le puis; tu ne cherches plus que des prétextes pour ne point venir ou pour m'échapper lorsque je te possède; tu es auprès de moi triste, embarrassé, inattentif; ton corps est ici, mais où se trouve ta pensée?

» — Voilà, Noéline, un reproche injuste : tu m'accuses, et je ne le mérite point; ma vie est très agitée, fort active; j'ai tant de devoirs à rendre, de visites à faire, d'amis à contenter, je ne sais comment les heures s'écoulent, ce que je deviens au milieu du tourbillon qui m'emporte, et néanmoins je ne suis pas changé.

» — Comment se peut-il faire, dit la jeune fille, que je ne remplisse pas la portion la plus importante de ta carrière? quelles sont les affaires si majeures qui te privent de venir ou de demeurer plus longtemps avec moi? Hélas! il me semble que je serais si heureuse, si j'étais à ta place, de te préférer à tout ce que l'on m'offrirait de plus propre à me distraire.

» — C'est que tu ne soupçonne, ma chère amie, que bien imparfaitement l'existence du monde et ce qu'il exige de nous. Renfermée dans un cercle étroit, tu ne vois que ton Exupère, tu rapportes tout à lui, tu lui consacre des instans que ni l'amitié, ni la parenté, ni tout ce qui nous commande ne peuvent exiger de toi. Il n'en est pas de même dans le rang que j'occupe; je dois songer à mon avenir, voir des militaires de haut rang, des seigneurs, des ministres, cultiver les bonnes dispositions de mes protecteurs, paraître au jeu de la reine, aux cercles des princesses, faire ma cour dans les divers appartemens de Versailles; toutes ces choses, qui te semblent indifférentes, ne le sont pas : il y a des dîners priés, des fêtes, des spectacles où l'on va, non point dans le but unique de s'amuser, mais afin de rencontrer des gens qui peuvent être utiles; on se remue beaucoup, le temps s'écoule en courses vaines et que néanmoins il faut faire. Eh bien! au milieu de ce chaos, dont on se démène à peine, on a beau vouloir ne chercher qu'une seule maison, n'être assidu qu'auprès d'une seule personne, on ne le peut, et celle-ci nous accuse, lorsqu'elle ne devrait s'en prendre qu'à l'embarras de notre position. »

Certes Exupère donnait là des raisons qui pouvaient être solides, mais qui firent peu d'effet sur Noéline, très décidée à ne pas accorder ce qui déplaisait tant à son amour. Ne trouvant pas néanmoins les objections propres à les réfuter, elle se contenta de soupirer, et puis, par une pensée subite, dit au jeune page :

« Et dans le grand nombre de personnes que tu vois, il y a sans doute des femmes aimables et jolies? celles-là ne sont pas à dédaigner, et tu ne les fuis pas ainsi que tu me fuis.

» — Je suis trop bien élevé, reprit Exupère, pour éviter les dames, et trop amoureux de ma Noéline pour jamais la quitter avec satisfaction.

» — Et ces femmes, elles te plaisent; elles ont cet esprit, cet usage du monde, ces grâces... Ah! mon ami, que je serais heureuse de les voir!

» — Que t'importe leurs charmes? tu n'as rien à leur envier. Que peux-tu souhaiter lorsque la nature t'a traitée si favorablement? Quant à les ren contrer, en as-tu besoin? encore il faudrait pour cela venir à la cour, paraître dans les sociétés qu'elles fréquentent; ne le désire pas, il y a plus de bonheur dans la solitude.

» — Je l'ai cru, dit tristement Noéline en secouant la tête, tant que tu l'animais de ta présence et de ton amour; mais, à présent que tu me laisse seule, il me semble que je ne peux la souffrir. »

La mélancolie de ce reproche agita le cœur d'Exupère; il laissa voir sur son visage le remords qui le dévorait et dont sa maîtresse ne pouvait concevoir l'étendue. Il se leva, s'approchant d'elle et la serrant avec expression dans ses bras :

« Ma douce Noéline, s'écria-t-il,

accorde-moi quelques semaines encore, laisse-moi me démêler de tout ce qui me tourmente, tu me verras alors revenir à toi plus tendre, plus empressé que jamais; va, tu n'as point cessé de m'être chère, et quoique le torrent m'entraîne, il ne pourra m'éloigner de toi.»

Le chaleur avec laquelle Exupère prononça ces paroles, les caresses passionnées dont il les fit suivre, ramenèrent le repos momentanément dans l'ame qu'il attristait ou rendait heureuse selon qu'il se montrait affectueux ou indifférent. Noéline, transportée de le revoir ce qu'il avait été, lui payait avec usure les transports dont elle était l'objet. Dans ce moment on sonna à la porte extérieure de l'appartement; Paulette fut ouvrir et bientôt revint dire à Noéline qu'une jeune dame demandait à lui parler.

« Une dame! à moi! s'écria-t-elle; que peut-elle me vouloir? Qui est-elle? Je ne veux pas qu'elle entre ici. »

Exupère lui observa que lui présent, il n'existait aucun danger; peut-être était-ce une personne absolument étrangère qui se trompait, et dans tous les cas, ajouta-t-il, à moins de lui refuser entièrement la porte, l'instant est convenable pour la recevoir; je vais passer dans ce cabinet, de là je la verrai sans qu'elle me voie, et si je crois être nécessaire, je saurai bientôt arriver à ton secours.

Ceci plut à Noéline, la sortie de son amant hors la maison lui aurait été insupportable; elle en voulait déjà à cette inconnue qui la privait des douceurs d'un tête-à-tête qui ne cessait de la charmer. Cependant la curiosité empreinte dans notre nature lui inspirait l'envie de savoir quel motif amenait auprès d'elle une personne de son sexe, lorsqu'elle ne se savait aucune amie ni même une simple connaissance. Elle conduisit Exupère jusque dans le cabinet, arrangea la mousseline posée devant les verres du panneau, de façon à ce qu'il pût examiner ce qui allait se passer, et cela terminé, permit à Paulette d'aller chercher la dame étrangère, qui attendait dans la première pièce qu'on la fît appeler.

Elle entra : Noéline fut interdite à son aspect. C'était une réunion complète de tout ce qui charme, attire et entraîne ; c'était la beauté, la grâce, la dignité réunies; chaque trait offrait un modèle, et l'ensemble était la perfection; la démarche souple et noble à-la-fois, les gestes arrondis, aisés et majestueux ; une parure à l'avenant, quelque chose dans le tout de supérieur, de grand, annonça enfin à Noéline que la femme qui venait la chercher dans sa retraite n'était pas une simple citoyenne et qu'elle appartenait à cette première classe de la société que Noéline tout à l'heure manifestait le désir de voir dans son ensemble.

L'étrangère à son tour examina la

jeune fille, qui pouvait être sa rivale en beauté. Si on en déduisait tout ce qui tenait aux habitudes de la cour, tout ce que procure d'avantageux la fréquentation et l'habitude du monde, Noéline était charmante, elle devait plaire même à son sexe; il y avait surtout en elle cette sérénité d'une ame que l'ambition et l'amour n'avaient pas encore agitée; sa physionomie douce, naïve, calme, en avait plus de prix, et le premier sentiment qu'elle inspirait devait être celui de la bienveillance.

CHAPITRE XVIII.

Deux rivales en présence.

Interdùm lacrimæ pondera vocis habent.
OVIDE, élégies, liv. III, let. I.

Les larmes valent quelquefois les discours les plus éloquens,

---

Le soin avec lequel je décris et la beauté de Noéline et de l'étrangère est loin, malgré des détails dans lesquels je suis entré, d'approcher de celui qu'elles mirent à s'examiner réciproquement; leurs yeux se cherchèrent des défauts, et se remplirent de dépit en ne pouvant en trouver, et une sorte de mécontentement éclata sur leurs charmantes figures ; toutes les deux étaient debout. Noéline étonnée, intimidée, surprise en un mot, put à son aise ne s'occuper qu'à deviner ce que lui voulait cette dame de haute condition, car ce n'était pas une femme ordinaire, et cette recherche lui faisait oublier les règles de la bienséance. L'étrangère, après le premier instant accordé à se former une idée positive de l'extérieur de la personne qu'elle venait trouver, prit sans façon un fauteuil, et se plaçant en face Noéline :

« Ma venue, jeune femme, paraît vous surprendre, dit-elle ; croyez que je ne suis pas moins étonnée de me trouver chez vous.

»—Cependant, Madame, fut-il répliqué, il y a entre nous cette différence, que vous savez le motif qui vous y attire et que je l'ignore complètement.

» — Mon motif, en vérité, je ne sais s'il m'est connu, ou bien s'il me conviendra de le dire; j'ai souhaité vous rencontrer, me trouver en votre présence, et je pourrai m'écrier maintenant, comme un des personnages de la plus célèbre tragédie du théâtre français : *J'ai voulu voir, j'ai vu.* Je ne vous croyais que jolie, et vous êtes belle à désespérer.

» — Hélas! Madame, répondit Noéline, je crains bien d'être forcée de convenir à mon tour que je n'ai jamais rencontré quelqu'un dans notre sexe à vous comparer.

» — Ah! vous faites des complimens! vous vous permettriez d'avoir de l'esprit! ce serait devant moi un nouveau crime, je vous en avertis.

» — Un crime, madame! Eh! mon Dieu, de quoi serais-je coupable? Des gens de votre apparence m'ont bien fait du mal, tandis que je n'en ait fait à qui que ce soit au monde.

» — Hors à moi, peut-être, que pourtant vous ne connaissiez point.

» — Madame, répliqua Noéline avec vivacité, attendu que je n'ai pas encore l'honneur de vous connaître, quoique j'ai celui de vous recevoir chez moi, je me crois en droit de vous demander qui vous êtes et d'où proviennent les reproches que vous m'adressez.

» — Écoutez, jeune fille, ce que je veux vous dire, et répondez-moi franchement, qui êtes-vous?

» — Ce que je suis, répartit Noéline en soupirant, une pauvre créature sans naissance, presque sans fortune, et abandonnée de ses parens et du reste de la société, à qui l'audace d'un homme puissant a ravi sa mère, et qui, pour éviter des poursuites qui lui sont odieuses, se cache dans la retraite profonde où vous êtes venue la troubler.

» — Et non pas seule, au moins à ce que j'ai appris, car vous y retenez les trois-quarts du temps un beau et aimable protecteur très capable de vous secourir.

» — Et quand cela serait, quel reproche pourrait-on m'en faire? m'est-il défendu d'avoir un ami qui me défende et qui me console dans mes chagrins ?

» — Vous avouez-donc que le comte Exupère est votre amant?

» — Qu'ai-je besoin de l'avouer, Madame? et quel droit avez-vous de me le demander?

» — Ne vous échappez pas au moyen de vaines défaites; il ne s'agit de discuter sur notre position respective; mais pour moi il est important de savoir si celui que j'ai nommé vous aime.

» — Il me le disait du moins, Madame, répliqua la jeune fille d'une voix mélancolique et remplie de larmes, je l'ai cru, et maintenant je commence à craindre, à cause de votre seul aspect, que je ne me sois confiée à une parole trompeuse.

» — N'en doutez pas, Mademoiselle, ce beau page est un fourbe, car s'il vous prodigue sa tendresse, il me l'a jurée aussi, et certes il n'est sincère ni envers vous, ni envers moi.

» — Le ciel, dit Noéline en élevant ses bras, veut que je boive en entier la coupe de l'infortune; un seul lien m'attachait à la vie, et vous le rompez sans retour.

» — Vous êtes dans l'âge où les impressions ne sont pas solides, et vous appartenez à une nation chez laquelle l'amour n'est qu'un caprice; vous vous consolerez facilement.

» — Eh! pourquoi le supposer?

pourquoi me donner des imperfections qui ne sont pas dans ma nature? Qui, moi, oublier Exupère! hélas! cela m'est impossible; je mourrai plutôt que de renoncer à lui.

» — C'est pourtant ce que vous ferez, répliqua l'étrangère irritée, car si je consens à lui pardonner, ce ne sera qu'avec la certitude qu'il ne me donnera plus de rivale.

» — Eh! Madame, dit Noéline qui ne retient plus ses pleurs, vous appartenez, si j'en juge par les apparences, à cette classe heureuse qui commande aux autres, et dont les jours passent au milieu du contentement; tout ce peut embellir, charmer, occuper la vie, vous est réservé; des distinctions nombreuses et variées vous sont offertes; n'est-ce donc pas plutôt à vous, soit par pitié généreuse, soit par colère, à me laisser l'unique ami qui puisse rendre mon existence plus amère : je ne vois et ne pense qu'à lui, rien dans ma solitude perpétuelle ne me porte à l'oublier, rien ne me le fait perdre de vue; ah! laissez-le moi, ne m'enlevez pas le bonheur de la vie, ne me contraignez pas à la prendre en horreur.

» — Tout cela est bel et bon, Mademoiselle, mais j'aime Exupère, je l'aime aussi avec la vivacité de mon ame et la violence que l'amour inspire dans mon pays; il a cherché à faire naître dans mon cœur cette passion délicate, elle y a germé, elle y existe; ce ne sera point vous qui l'en arracherez.

» — Elle ne sortira de mon ame qu'après ma mort, s'écria Noéline en sanglottant. O! qui que vous soyez, n'abusez ni de votre position, ni de vos charmes, et pour toute vengeance contentez-vous du mal affreux que vous me faites en ce moment.

» — Vous êtes séduisante, Mademoiselle, dit la princesse San Severino avec une sorte d'émotion mélangée de colère, qu'elle ne prit pas la peine de déguiser; je venais à vous dans la pensée de trouver de ces créatures vulgaires pour qui le sentiment est un revenu ou un commerce, et je commence à redouter qu'il n'y ait du danger à continuer avec vous une lutte inégale.

» — Je vous étais inconnue, pourquoi ne me l'avez-vous pas été toujours? Mais quant à ce qui regarde Exupère, je répéterai devant vous, devant lui, qu'il peut cesser de m'aimer sans pour cela que je lui retire ma tendresse; je m'en nourrirai jusqu'au tombeau.

» — On ne meurt pas d'amour en France; songez que les nœuds qui vous attachent au comte de Mauran sont bien fragiles, qu'ils pèsent à lui-même, et qu'il brûle de les dénouer entièrement.

» — Cela ne peut être, répliqua Noéline en levant sa tête avec une noble fierté; Exupère sait ce que j'ai fait pour lui, il a de l'honneur et de la délicatesse, et vous le calomniez en le représentant comme un fourbe et comme un parjure.

» — Ce sont néanmoins ses pensées que j'exprime, et s'il était ici, il vous les avouerait. Il m'a dit cent fois combien une étourderie de jeunesse lui était importune.

» — Il va sans doute le répéter devant moi, dit Noéline poussée dans les derniers retranchemens de son désespoir et se dirigeant vers la porte du cabinet voisin qu'elle ouvrit; force fut à Exupère, qui avait entendu mot à mot toute cette conversation, d'entrer en scène en paraissant au milieu de ces deux superbes rivales. Combien il eût payé cher d'éviter un pareil embarras! qu'il maudissait la destinée et surtout la démarche inconvenante de la princesse! Mais, en même temps, trop vertueux pour balancer à remplir son devoir, il se demandait seulement la force de le remplir dans toute son étendue.

La belle Oldanti était loin de le soupçonner aussi près d'elle; sa vue lui causa un redoublement de colère, et une infidélité prouvée avec autant d'éclat la frappa plus que ne l'aurait fait les accusations les mieux motivées. L'amour, quoiqu'irrité à l'excès, éprouve une double peine de ne pouvoir douter de l'infidélité; il se plaît à être trompé quand il est véritable; il veut ne pas voir afin de croire à l'innocence du coupable, car lorsque la jalousie se montre et tonne, ce n'est jamais pour rompre, mais pour intimider.

Une conviction trop complète brise la confiance en arrachant à l'incertitude, et le plus grand malheur qui arrive en pareil cas, c'est de ne pouvoir repousser la vérité.

La princesse pensait ainsi. L'aspect d'Exupère lui fut odieux en ce moment. Elle plaça ses mains sur ses yeux comme pous éviter la vue d'un fantôme horrible, et elle retomba sur son siége dans un état pire que la mort; il s'y joignait encore une confusion sincère : elle avait avancé un fai t faux. Conduite par une adroite rouerie chez Noéline, instrument sans le savoir d'une vengeance cachée, elle s'était abandonnée à son impétuosité, et jamais Exupère ne lui avait parlé de la jeune fille. Ce qu'elle venait de dire était échappé à son dépit, et il lui aurait été impossible d'en donner la preuve, à plus forte raison dût-elle être humiliée, lorsque celui qu'elle avait compromis à tort parut inopinément devant elle.

Exupère s'avança lentement, pâle comme le remords, accablé de confusion et de honte; coupable envers Oldanti et Noéline, aimant peut-être davantage la première, et connaissant l'étendue des droits et de la passion de l'autre; craignant de parler et frémissant d'être interrogé, il baissait les yeux, se montrait hors de lui-même, et vrai criminel, se regardait en présence d'un supplice moral dont il éprouvait toutes les angoisses. Noéline, elle aussi vivement déchirée par l'excès de sa douleur, se voyant à l'heure décisive qui la plongerait dans un abime sans fond, n'avait pas plus d'assurance qu'Exupère et que l'Italienne; peut-être déjà regrettait-elle d'avoir amené cette explication embarrassante pour tous les trois; mais on ne pouvait plus l'éviter, et ce fut avec une voix remplie de douleur qu'elle demanda à son amant de répéter ce qu'il avait dit à l'étrangère. Exupère, qui ne savait comment s'expliquer, balbutia d'abord des paroles inintelligibles. La violence du caractère d'Oldanti ne lui permit pas de l'entendre plus longtemps sans comprendre ce qu'il disait.

« Plus de ménagemens, lui dit-elle, le moment est venu de vous expliquer; quelle est celle de nous que vous voulez tromper encore? décidez-le, car s'il faut qu'il y ait une malheureuse, n'en faites pas au moins deux.

» — Non, dit Noéline à son tour, non mon ami, je ne veux pas que tu avoues ce qui se passe dans ton cœur, ne réponds qu'à une seule question, que celle-là résolve toutes les autres. Est-il vrai que mon amour t'est à charge et que tu ne souhaites que d'y renoncer?

» — Je ne l'ai dit à personne, répondit Exupère avec une sorte de fermeté, quoiqu'on vit que ces paroles lui coûtaient beaucoup à prononcer.

» — Vous ne le pensez donc pas? demanda la princesse avec hauteur.

» — Il me serait impossible de me

montrer barbare envers celle qui m'a consacré son existence entière, qui m'a payé le service que j'ai eu le plaisir de lui rendre par la confiance la plus complète et par un abandon qui me condamnerait toujours. »

Noéline, à ces mots, éprouva une joie qui malgré elle éclata sur ses traits. Ceux de la princesse se contractèrent, et une fureur concentrée s'enflamma dans ses yeux.

« Ainsi, dit-elle, lorsque le comte de Mauran prononçait des sermens d'amour à la princesse San Severino, c'était des outrages qu'il lui adressait; elle devenait son jouet, elle était destinée à servir de trophée et de risée à une malheureuse sans nom.

» — Ah! madame, s'écria Exupère,

témoignant par tout ce qui peut exprimer la forte émotion d'une ame combien la sienne était mal à son aise, est-ce à vous à m'accuser ainsi? dois-je me justifier en accablant cette douce créature et me montrer tel, hélas! que je suis? Non, je ne vous ai pas trompée. Séduit par cette beauté surnaturelle qui vous distingue, par tous les avantages que vous possédez, je me suis livré à l'attrait dangereux de vous contempler, et bientôt vous vous êtes emparée des facultés de mon être; vous m'avez égaré, enivré. J'ai tout oublié, je me suis rendu coupable, j'ai trahi Noéline en vous aimant autant que je puis aimer, et néanmoins je n'ai pas cessé de chérir Noéline. Je me suis maintenu dans une position fatale, craignant de m'interroger, balançant entre vous deux ; ni complétement criminel, ni à l'abri de reproches ; j'espérais tout du temps ; j'attendais tout de ces coups du sort qui donnent aux cœurs de nouvelles impulsions, et j'agravai ma faute. Elle me paraissait moindre en vous en dérobant réciproquement la connaissance, et j'y serais parvenu peut-être, si la méchanceté ou le hasard ne se fût pas fait un jeu de nous réunir.

» — Fort bien, Monsieur, répliqua l'Italienne, vous pouvez entrer dans la carrière diplomatique, vous auriez la certitude de la remplir avec succès, car vous entendez parfaitement l'art de parler sans rien dire. Que signifie votre long propos? qui de nous peut en tirer quelque gloire? Sommes-nous si égales que vous ne puissiez déclarer celle qui vous plaît davantage? car enfin, par un renversement des usages, ce sont des femmes qui briguent la faveur de votre choix.

» — Eh! madame, dit Exupère, épargnez la froideur d'un persifflage inutile : ne voyez que ce qui est : mon désespoir et mes remords; je suis assez puni du mal que je cause, et ma conscience m'adresse des reproches bien plus amers que ceux que vous exprimeriez.

» — Exupère, aime-moi toujours un peu, s'écria Noéline en joignant les mains; je te conjure de ne pas m'abandonner. Songes que je n'ai dans la terre que toi seul qui puisse me rattacher à la vie, que je ne t'ai jamais fait souffrir, que j'ai toujours été pour toi bonne et aimante. Mon Exupère, te désistant de ton amour, ne me refuse pas ton amitié ! »

La douce inflexion de voix de Noéline, l'air suppliant dont elle accompagnait sa prière, portèrent un trouble étrange dans l'ame d'Exupère. L'ascendant irrésistible d'un premier amour parlait aussi bien haut en faveur de la jeune fille qui, en présence de sa rivale magnifique, ne perdait aucun de ses avantages. Les traits d'Exupère annoncèrent combien il était touché de cette tendresse désintéressée et qui ne commandait pas impérieusement, et l'Italienne, de son côté, s'aperçut de l'agitation du page. Elle en ressentit une rage que son impétuosité naturelle ne put contenir. Aussi, s'adressant au héros tourmenté de cette scène bisare :

« Monsieur, dit-elle, je vous dispense de toute autre explication : vous me sacrifiez à une créature digne de vous ; je dois être satisfaite, puisque je puis vous connaître. Adieu, que cette femme jouisse de son triomphe, il ne sera pas long, car vous ne tarderez pas à la tromper encore. Quant à vous, songez à qui vous manquez et quel est le pays qui m'a vue naître. »

A ces mots la princesse se retira. Exupère la voyant s'éloigner, ne put commander à l'empire qu'elle exerçait sur lui encore; il fit mine de s'élancer pour la rejoindre, mais Noéline, prévenant ce mouvement, l'enlaça de ses bras avec une force doublée par la passion qui la consumait. Bientôt même, épuisée sous les sensations cruelles qu'elle venait d'éprouver, elle pencha sa tête, ses joues devinrent pâles, ses yeux se fermèrent, et elle tomba évanouie sur le plancher.

CHAPITRE XIX.

L'inconnue mystérieuse.

> Le coupable, malgré sa puissance, n'est pas à l'abri du tressaillement des remords.
>
> MERCIER, *Tableau de Paris*.

Exupère était véritablement incertain entre ses deux maîtresses. Oldanti, que jusqu'alors il avait cru préférer, ne lui était pas plus chère que Noéline. Si la nouveauté parlait en faveur de la première, le souvenir des douceurs d'une tendresse antérieure le ramenait vers la seconde, et la délicatesse et l'honneur combattaient également pour celle-ci. Néanmoins la retraite de la princesse lui inspira une vive douleur ; il aurait souhaité pouvoir courir vers elle, la rejoindre, lui parler et l'apaiser; mais la chose devenait impossible à l'heure où Noéline venait de perdre l'usage de ses sens. Elle resta plusieurs minutes dans cet état, image attristant de la mort, et elle y serait retombée pour toujours si, lorsqu'elle ouvrit les yeux, elle n'eût vu Exupère penché sur elle et attendant avec anxiété son retour à la vie.

La présence de son amant, la certitude qu'il ne l'avait pas abandonnée en faveur de sa rivale, acheva de la guérir promptement. Elle lui sourit avec délice, et, l'accablant de tendres reproches, lui prouva combien il lui était cher.

« Pouvais-tu l'aimer plus que tu ne m'aimes ? pourrait-elle avoir pour toi plus d'attachement que je n'en ai ? Ah ! perfide, existe-t-il de bonheur lorsque le remords l'empoisonne et que ce remords devait te déchirer ? Crois-moi, renonce à ce monde où l'on n'apprend que la trahison et la fourberie ; reviens à ta première inclination, et, certaine de mon cœur, rends-moi l'assurance que je possède le tien sans partage. »

Ce n'était pas le cas de chercher à convaincre cette innocente créature que l'on peut éprouver une double affection et que madame de San-Severino avait aussi des titres à la tendresse du page. Celui-ci se garda bien de traiter une telle matière, et il n'exprima que sa douleur, son repentir, jura de conserver dorénavant une fidélité à toute épreuve, sauf les restrictions que sa position sociale lui commanderait, et parvint à calmer l'orage qui grondait encore dans le cœur de Noéline.

Plus tranquille parce qu'elle était confiante, elle cessa de verser des larmes et promit de ne plus se souvenir du passé. Mais le secret de sa retraite était dévoilé, Exupère comprit que des personnes intéressées à lui nuire devaient en avoir répandu le mystère. Qui devait-il accuser? le duc, ou Sophie de Lagrange, ou bien la jalousie inquiète de l'Italienne, qui avait soupçonné l'existence d'autres liens? Il balançait entre ces trois conjectures, se promettant de ne rien négliger de ce qui pourrait lui faire connaître la vérité; et, en attendant, il recommanda la plus grande surveillance à Paulette, et à Noéline de ne sortir qu'accompagnée, si par cas elle avait besoin d'aller faire des emplettes dans le quartier.

Toutes ces choses prirent beaucoup de temps : Exupère, d'ailleurs, ayant tant fait que de se prononcer pour Noéline, ne voulut pas la quitter trop tôt, dans la crainte de lui inspirer des doutes sur la sincérité de ses derniers engagemens. La jeune fille ne le vit partir, quoiqu'il fût bien tard, qu'avec une douleur qu'elle ne chercha pas à déguiser, et lui faisant promettre de ne pas tarder à revenir le lendemain. Lorsqu'il fut dans la rue, il alla d'abord au hasard, cherchant à réfléchir sur sa position actuelle, et ne sachant ce qu'il avait à faire vis-à-vis de la belle Italienne, à laquelle il n'avait renoncé qu'avec un vif chagrin.

Le hasard le conduisit à la porte de la Comédie-Française; il y entra pour se délasser, et, dès son apparition dans le foyer, il y trouva le chevalier de Telnange presque seul, et s'amusant à coquetter avec une amie de mademoiselle Contat. Il fut à lui : bon jour, bon soir, on s'embrasse. Deux jeunes seigneurs ne pouvaient faire moins lorsqu'ils se rencontraient en public. — D'où sors-tu? que fais-tu? Tes amis te perdent. — Je ne te reconnais plus, tant tu es rare!

Ces phrases banales d'abord échangées, on passa à un entretien plus sérieux. Exupère, pressé par le besoin de faire une confidence et de raconter ses malheurs, prit Telnange sous le bras, et l'amenant à une autre extrémité de la salle, le mit au courant de son aventure. L'air piteux avec lequel il faisait ce récit contrastait merveilleusement avec la gaîté qu'il inspirait à son camarade; les éclats de rirc de Telnange, ses gestes, ses élans attiraient sur eux les regards, et Exupère à plusieurs reprises fut obligé de lui demander de manifester moins publiquement sa maligne moquerie.

« Eh! le moyen de se contenir à un

récit aussi réjouissant? répondit Telnange; en vérité, mon cher, de pareilles aventures ne peuvent arriver qu'à toi : elles sont impayables, et si j'étais à ta place j'en tirerais un profit immense; je leur devrais l'obligation de faire de moi le point de mire de tout Versailles et de la badauderie de Paris. Mais je gage que loin de répandre un fait aussi honorable, tu vas me conjurer de le taire à tous ? tu craindras de blesser la princesse et de mettre en vogue la jolie enfant que tu gardes en vrai dragon. Eh bien! soit, je clorerai ma bouche; mais pardieu! que vas-tu faire de la princese ? tu devrais bien me la passer.

» — J'attendais les témoignages de ton amité et pas les brocards de ta raillerie, répliqua Exupère; tu t'amuses, et je suis le plus malheureux des hommes entre deux femmes qui me plaisent et que je voudrais conserver.

» — Oui-dà! et le moyen, chevalier sensible? leur prouverez-vous que le blanc est noir? et madame de San Severino s'accommodera-t-elle du partage de Castor et Pollux? voudra-t-elle posséder le ciel pendant le jour ou pendant la nuit? Si tu peux l'y décider, ce sera un grand coup de maître.

» — Je voudrais au moins punir celui qui la jeta sur ma route.

» — Est-ce qu'il n'a pas suffi pour cela d'elle-même? Une femme de Naples a dans le cœur une autre vivacité que celles de France: elle t'a soupçonné, ne serait-ce que par étiquette;

t'aura fait suivre par l'un de ses gens, et aura découvert ton joli petit ménage. Cette manière d'expliquer le fait est aussi probable que toute autre; je te conseilles de t'y arrêter.

» — Je me souviens, dit alors Exupère, d'avoir rencontré le funeste abbé Romar sortant de la cour de son hôtel; il prétendit n'y être venu que pour m'attendre, et si dans le dessein de s'attirer sa protection il m'avait vendu à elle?

» — Je crois que cela peut avoir lieu : un abbé c'est une selle à toute monture, on l'emploie en guise de précepteur, de commissionnaire, de complaisant, de voyageur, d'espion; on en fait un honnête homme ou un drôle suivant l'exigence, et cet animal amphibie a dans son essence de n'appartenir complétement ni au vice ni à la vertu.

» — Si j'en étais certain! s'écria Exupère en faisant un geste de menace.

» — Tu ne le tuerais point, parce qu'on rosse seulement un abbé; tu lui couperais les oreilles, cela te vengerait-il beaucoup? il vaut mieux lui faire peur, lui arracher la vérité, si elle peut sortir d'une bouche sacerdotale et d'un cuistre courant après un bénéfice, et puis le secouer de manière à lui faire perdre l'envie de te suivre à la piste en guise de chien couchant. »

Exupère se promit dès le lendemain de soumettre l'abbé à un interrogatoire sevère, et ne tardant pas à oublier ce personnage, il revint à se désoler d'avoir perdu les bonnes grâces de la princesse; il en parlait encore à Telnange lorsque le duc de Fronsac vint aussi dans le foyer en la compagnie du marquis de Louvois. Loin d'éviter Exupère il se hâta de venir à lui, et l'accabla de complimens qui paraissaient sincères.

« Vous avez, lui dit-il, réussi chez madame de Brionne; la reine vous a distingué parmi les acteurs du *descampativos*, et a demandé à madame d'Egmont quelle était votre conduite depuis que vous étiez libre dans vos démarches. Ma sœur, au lieu de se récuser et de se rejeter sur moi du soin de vous donner un bon certificat de vie et mœurs, a fait votre éloge et rendu de vous un témoignage qui a satisfait la Reine et désolé vos ennemis.

» — Mes ennemis! répète Exupère avec étonnement, à peine je débute dans la vie, je n'ai fait de mal à personne, et m'en voudrait-on déjà ?

» — Cela vous étonne? reprit le duc en riant ; vous êtes spirituel, beau cavalier, vous avez des succès et sans doute que vous froissez des amours-propres; quand on plaît aux dames surtout, c'est le moyen de ne pas contenter tous les hommes.

» — Je n'affiche pas mes conquêtes, monsieur le duc.

» — Soit, mais elles se jetent à votre tête avec un scandale patent ; vous devriez leur recommander plus de retenue, à moins que vous ne teniez à vous enrôler dans notre compagnie.

» — N'écoutez pas le duc, monsieur de Mauran, dit à son tour le marquis de Louvois; il avait formé des projets sur une dame aussi noble que belle, et on prétend que, plus fortuné que lui...

» — Messieurs, je ne vous comprends pas, répliqua Exupère d'un ton rempli de froideur.

» — Ah! dit le marquis, vous ne serez jamais des nôtres, car vous êtes discret. C'est là une vertu passée de mode; je vous préviens que les jeunes marchands commencent à la dédaigner.

» — Vous faites là, reprit Exupère, de magnifiques recrues ; je tiens à ne point compter parmi elles.»

Ces propos badins furent interrompus par l'arrivée de quelques autres seigneurs ; le duc de Fronsac demanda alors à Exupère s'il reviendrait ce même soir chez madame de Saint-Préban. Cette femme faisait grand bruit à cette époque, non par son esprit ou sa figure, mais par le jeu énorme que l'on tenait chez elle et par la foule qu'elle attirait ; on allait en bonne ou mauvaise compagnie, à la faveur d'un usage qu'elle avait introduit, celui d'être masqué, sous prétexte de favoriser le plaisir et la joie. On trouvait chez son suisse un assortiment de dominos et de costumes de fantaisie que les amans revêtaient pour tromper des regards indiscrets; que des joueurs prenaient, honteux de se faire connaître, et qui servaient également de voiles à des filles du monde courant les aventures et à des femmes de bonne compagnie qui se mouraient d'envie d'en avoir.

Des salons bien éclairés, des rafraîchissemens à profusion, des soupers splendides, une liberté entière attiraient chez madame de Saint-Préban. Qui était-elle elle-même? On ne le savait guère, on ne s'en inquiétait point. Les uns la disaient danseuse émérite d'un théâtre étranger, d'autres, une sorte de personne de qualité ou affectant la naissance de haute extraction, une riche financière, une

Anglaise naturalisée en France ; bref, son origine était un problème dont nul ne cherchait la solution. Elle faisait bien les honneurs de sa maison, recevait à merveille, rendait à chacun ce qu'on lui devait, fermait les yeux sur ce qu'il ne fallait pas voir, souffrait la médisance tout en sachant se taire ; aussi ses partisans étaient nombreux, et elle jouissait de cette considération sans fondement que l'on accorde si volontiers à ce qui revêt les apparences de la fortune.

Exupère avait été présenté dans cet honnête coupe-gorge par le duc de Fronsac, qui en était un des habitués assidus. Madame de Saint-Préban avait accueilli le page d'autant mieux, qu'il était riche et qu'il devenait beau joueur. Il revenait chez elle avec plaisir, et ce soir-là ne refusa pas d'accompagner le duc de Fronsac. La dame logeait au coin de la rue des Moulins et de la rue Thérèse. Les voitures encombraient la porte, de telle sorte que l'impatience prit au duc. Il mit pied à terre, Exupère le suivit, et tous les deux cheminèrent pour franchir la petite distance qui les séparait de la maison où ils allaient.

Il sortit du milieu des voitures entassées dans cet espace une créature vêtue de noir et enveloppée dans une sorte de manteau très ample, qui s'approcha rapidement du duc, et qui le saisissant par le bras :

« A la fin je te retrouve, dit-elle, n'es-tu point las de commettre le mal, et ne songes-tu pas que Dieu doit être lassé de te supporter sur la terre ? »

La clarté des flambeaux de poing que tenaient les domestiques placés derrière les voitures de ceux qui entraient chez madame de Saint-Préban, permit à Exupère de reconnaître dans cette personne les traits de la femme mystérieuse qu'une première fois il avait aperçu dans une glace chez le duc de Fronsac, et la seconde fois dans la rue de Richelieu. Il éprouva à son aspect un sorte de terreur involontaire, et examina avec attention l'effet qu'elle produisait sur le duc.

Celui-ci, frappé comme si on lui eût présenté la tête de Méduse, demeurait immobile sans faire aucun mouvement pour s'arracher à l'obsession dont il était l'objet; un dégoût violent, une horreur caractérisée se manifestaient en lui par la pâleur de ses traits et la fixité de ses yeux; à peine si d'une voix faible il put dire :

« Laissez-moi, je ne vous connais pas.

» — Tu ne me connais pas, misérable, toi qui m'as rendu la plus malheureuse parmi celles qui gémissent sur la terre? toi qui ne peut vivre sans faire des infortunées, ne m'as-tu pas trompée?...

» — Champagne! s'écria le duc qui vit venir à lui un de ses domestiques, allez chercher vos camarades, et ramenez chez elle cette femme dont la raison est sans doute affaiblie.

» — Oui, s'écria-t-elle, je suis folle

en effet ; mon extravagance date du jour funeste où je t'écoutai, où tu me trompas en employant les ruses les plus infâmes; mais Dieu te punira, et le vengeur, je l'espère, est déjà auprès de toi. »

Le duc était parvenu à commander à sa faiblesse : il se tourna vers Exupère, confondu de ce qui se passait devant lui :

« Ne suis-je pas malheureux d'être l'objet des poursuites de cette folle, qui veut absolument avoir à se plaindre de moi?

» — Jeune homme, dit alors l'inconnue, serais-tu l'ami de ce monstre? imiterais-tu les désordres de sa vie? tu joues peut-être maintenant avec ta conscience; prends garde qu'elle témoigne pour te faire punir un jour si tu t'empoisonnes aux exemples de cet homme. »

Exupère gardait le silence ; l'inconnue voyant venir à elle un groupe de laquais dont elle soupçonnait le dessein, poussa un cri effroyable qui les fit tous trembler, et tirant de dessous sa mante un couteau qui ressemblait à un long poignard, se mit à le brandir avec tant de vivacité que chacun se recula pour lui livrer passage et ne mit obstacle à sa retraite, qu'elle effectua par le carrefour de la rue des Moulins. Le duc lui-même, charmé d'être délivré de cette ennemie fâcheuse, ne donna point l'ordre de la poursuivre, et demeura un peu de temps encore avant de se remettre en chemin.

Embarrassé sans doute de fournir une explication satisfaisante de cette scène à son compagnon, il parut chercher ce qu'il aurait à dire, puis faisant un geste d'impatience :

« Que puis-je raconter sur un fait de ce genre? Voilà quelque temps qu'une insensée sortie je ne sais d'où s'attache à me poursuivre et à me reprocher des torts imaginaires. Est-il possible de les discuter sérieusement avec elle? ne conviendrait-il pas plutôt de délivrer la société que le délire de cette créature compromet dans sa tranquillité? Oui, de par Dieu! une bonne lettre de cachet me délivrera d'elle.

» — Monsieur le duc, répartit Exupère, les traits du visage de cette personne me rappellent ceux d'une femme de ma connaissance.

» — Vous croyez?... cela est possible.... je ne puis en juger. »

Le duc attendait avec anxiété une réponse que le page ne fit point; qui le retint de le faire? la prudence ou le dédain? Quoiqu'il en soit, il ne voulut pas commencer en ce lieu une explication trop importante, et il entra avec le duc chez madame de Saint-Préban.

CHAPITRE XX.

Le soufflet donné à une sultane par un domino.

> L'emportement fait tout oublier; il abaisse les plus élevés au niveau des personnes de mauvaise vie.
>
> *Dict. des gens du monde.*

Il y avait foule et vraie cohue chez madame de Saint-Préban. On y voyait une multitude de seigneurs étrangers, de milords anglais, de barons allemands, de princes russes, de marquis italiens et d'hidalgos espagnols. Les gentilshommes français, les riches financiers n'y manquaient point. La compagnie en femmes était moins bien composée ; quelques douairières qui se croyaient bien placées partout où elles pouvaient jouer ; des provinciales ou des étrangères venues avec leurs maris ou leurs amans ; des comtesses équivoques, des filles qui ne s'affichaient point, tels étaient les élémens à figure découverte de cette assemblée ; mais, bon Dieu ! que ceux qui se réunissaient sous la sauve-garde du masque étaient encore plus mélangés ! Quelle confusion il y avait de grandes dames et de courtisanes déhontées, de bourgeoises avides de gain et d'aventures, vivant des profits d'un tapis vert ou du commerce de leurs charmes ! C'était le chaos, l'arche de

Noé, la confusion des langues ; en un mot, une réunion complète de ce qui, à visage découvert, se serait séparé en hâte. J'ai dit que tout Paris venait là, et j'ai dit la vérité.

Un duc et pair dans ce temps était par lui-même un homme d'importance : aussi ne l'avait-on jamais assez bien accueilli. Le duc de Fronsac, à part ce double titre, possédait ceux non moins importans de premier gentilhomme de la chambre en survivance et d'héritier du maréchal duc de Richelieu. Madame de St-Préban, qui en outre le connaissait grand joueur, lui faisait fête à chaque venue, et dans cette circonstance ne le négligea pas. Exupère eut aussi sa part de bien venue à cause du patronage de son introducteur, et tous les deux n'eurent pas à se plaindre de la civilité que l'on mit à les recevoir.

M. de Fronsac, encore tourmenté par les suites de la scène précédente, manifestait une sorte de mauvaise humeur qui le rendait plus aigre que de coutume. Elle provenait moins encore de son colloque avec l'inconnue que du dépit qu'il ressentait d'en avoir eu Exupère pour témoin. On aurait dit qu'une fatalité s'attachait à lui rendre le jeune homme désagréable de toute manière. Il ne tarda pas à se débarrasser de lui, et se hâta de prendre rang à une table de jeu, tandis que mon héros continuait à se promener dans les divers salons, sans but déterminé et ne s'occupant qu'à deviner quelles étaient les femmes qui dérobaient leurs charmes ou leur décrépitude sous le domino dont elles s'enveloppaient.

Tandis qu'il prenait ce soin on frappa légèrement sur son épaule ; il se retourna et vit une sultane costumée avec autant de goût que de magnificence, qui lui parlant dans le sens de sa parure, lui demanda d'une voix déguisée s'il tarderait à jeter le mouchoir.

« Ce n'est point la coutume en France, répondit-il ; ton sexe, loin d'obéir commande ; il nous accorde ses faveurs, et nous ne lui ordonnons pas de nous les abandonner.

» — Ainsi du moins s'exprime la galanterie de tes compatriotes, dit la sultane, sans cependant qu'ils renoncent pas plus que toi à cette suprématie hautement exigée dans l'Orient, et qu'ici vous maintenez avec plus d'adresse peut-être; toi par exemple, ne te contentes pas d'un seul cœur, il t'en faut par douzaine, et si je voulais compter.....

» — Tu te tromperais, répondit Exupère en prenant pour des réalités les plaisanteries de la société qui accorde malignement à un homme chaque femme à laquelle il rend des soins.

» — Oh! ne te flattes pas de me donner le change par une feinte modestie dont je ne peux être la dupe. Niera-tu qu'une orgueilleuse étrangère ne soit au nombre de tes conquêtes? y placerai-je une figurante de l'Opéra, une autre actrice qui a quelque mérite, et qu'un grand seigneur honore de sa protection? enfin, si je voulais aller chercher jusqu'au fond du Marais.....

» — Tu m'effraies, beau masque, dit Exupère, réellement désespéré des révélations qui lui étaient faites. Dieu me garde de ta perspicacité!

» — Et Dieu la préserve de vous connaître! Dans le fond de votre cœur, dit un second masque qui depuis une minute s'était approché de manière à ne rien perdre de la conversation qui avait lieu. »

Certes, en toute autre circonstance, Exupère aurait reproché son indiscrétion à cette nouvelle venue, si, malgré une voix sourde et tremblante de colère, il n'eût reconnu la princesse San Severino. Aussi se contenta-t-il de répondre à celle-ci :

« Je sais que je suis coupable; mais y a-t-il de la générosité à m'accuser publiquement? La personne qui se plaint de moi m'a condamné sans m'entendre.

» — Eh! que pourriez-vous dire pour votre justification? répondit la princesse avec impatience.

» — Le lieu, dit-il, n'est pas favorable pour juger un tel procès.

» — Eh bien! où faut-il aller pour ouïr le récit de vos ruses? »

Le premier masque, un peu troublé par l'incident qui avait interrompu son colloque avec Exupère, avait gardé le silence depuis ce moment; mais n'ayant pas tardé à rentrer dans son assiette naturelle, il éprouva de la colère de la brusquerie du survenant. Ignorant ensuite qui il pouvait être, et trop convaincu d'ailleurs de pouvoir lutter avantageusement avec lui, ce qu'il préjugeait du lieu où il le rencontrait, il ne se contraignit pas plus longtemps, et, le saisissant par les plis de son domino :

« Alte-là, s'il vous plaît, madame la Nuit, l'étoile du berger ne brille pas pour vous encore; si vous avez quelque chose à démêler avec ce digne page, veuillez, s'il vous plaît, attendre jusqu'à ce qu'il ait fini avec moi.

» — Vous êtes bien impertinente, ma mie, dit la princesse, de vous targuer d'un droit imaginaire lorsqu'il me convient de parler avec monsieur; auriez-vous aussi des droits sur sa personne? Quoi! deux en un jour, ce serait par trop fort!

» — La politesse, reprit la sultane, interdit ces formes impérieuses; et, lorsqu'on s'affiche comme vous, on doit se préparer à subir les affronts d'un refus. »

Ce dernier mot était à peine lâché, que la princesse, emportée par la violence de son caractère, et presque certaine de se trouver en présence d'une autre rivale, leva la main et la posa fortement sur la joue de la sultane. L'attaque fut si prompte, si imprévue, que celle-ci ne put la parer. Le coup donné en face de plusieurs assistans, causa un scandale extrême; la sultane, outragée grièvement, s'élança vers le domino pour lui rendre la pareille. Exupère se mit entre deux et fut bientôt secondé par deux ou trois personnes qui s'avancèrent. On retint la seconde assaillante, tandis qu'Exupère, s'emparant de madame de San Severino, l'emmena en toute hâte hors de cette pièce, et malgré sa résistance, lui fit même quitter la maison. Il agit avec tant de prestesse et d'habileté, que le nom du masque belliqueux ne fut connu d'aucun de ceux qui étaient dans le salon. La sultane n'eut pas moins de bonheur : surmontaut la rage que devait lui inspirer un traitement aussi grossier, et craignant avec raison une humiliation publique, elle ne donna aucune suite à son premier mouvement, joua le rôle d'une dame atrocement offensée, se plaignit avec modération, et puis, profitant d'une distraction de la société, s'évada elle aussi pour aller en liberté cuver son courroux et sa vengeance.

On doit croire qu'une pareille scène fit un grand effet dans le cercle de madame de Saint-Préban. Il passa pour certain que deux femmes de haute distinction s'étaient prises de paroles pour le comte Exupère de Mauran, et que bientôt elles en étaient venues aux mains, à tel point la jalousie les aveuglait l'une et l'autre. Ce bruit vint d'abord aux oreilles du duc de Fronsac, et ajouta au dépit que lui causaient les succès du page. La maîtresse de la maison, dont la dignité était compromise, niait les particularités de la querelle afin d'en atténuer l'effet. Ses efforts furent vains : la nouvelle en circula rapidement, et, dès le lendemain, on la savait dans tout Paris et même à Versailles.

Ne s'occupant pas encore de ce qui adviendrait plus tard de cet engagement féminin, et enchanté peut-être de trouver une circonstance favorable à sa réconciliation avec madame de San Severino, le premier page entraîna celle-ci jusqu'à sa voiture, et malgré les efforts qu'elle faisait, y prit place à côté d'elle. La belle italienne qui, en se portant aux dernières extrémités, n'avait écouté que sa pétulance, ne tarda pas à ressentir la honte de l'acte répréhensible auquel elle s'était livrée. Accoutumée dans sa patrie à dominer sur toute la société, elle jouissait de ce despotisme en véritable enfant gâté, et en France elle avait cru pouvoir se permettre un geste insultant qui, d'homme à homme, ne peut être lavé que par la mort.

Qui avait-elle frappé? était-ce une femme de son rang? Alors les suites de la querelle seraient incalculables. Était-ce une créature ordinaire, une sorte de femme entretenue? Le mal dans ce cas serait peu de chose en lui-même. Un instinct secret faisait préjuger à madame San Severino que son ennemie appartenait à cette classe. Elle ne l'avait vue que masquée, et pourtant rien dans les habitudes du corps et dans les inflexions de la voix ne lui avait rappelé celles de la bonne compagnie. Exupère était donc en rapport avec ces êtres avilis, et ce n'était pas assez pour lui de la jeune fille chez qui elle l'avait surpris. Ces diverses réflexions l'agitaient. Confuse et fâchée à-la-fois, elle garda un silence opiniâtre tant qu'elle fut dans la voiture, malgré les instances du page et les prières qu'il lui adressa. Il fut jusqu'à dire qu'il serait heureux si elle dédaignait le maltraiter.

Mais si elle conserva son impassibilité dans cette circonstance, il ne lui fut pas également possible de maintenir la résolution prise, en outre, de ne pas permettre au comte de Mauran de la suivre jusque dans son appartement. Sa colère faiblit lorsqu'elle aurait dû redoubler d'énergie. Exupère put entrer avec elle, et là, seuls en tête à tête, il lui fut libre de déployer tout ce qu'il possédait d'éloquence et d'entraînement. Je ne répéterai pas ce qu'il put dire à une amante passionnée et irritée néanmoins; de quel tour il put se servir pour la ramener à lui. Tout ce que je peux affirmer, c'est que lorsqu'il quitta la princesse, si elle n'était complétement appaisée, du moins emporta-t-il l'espoir d'être plus heureux une autre fois.

Il avait soutenu avec chaleur qu'il ne connaissait absolument pas le nom de la sultane insolente et si bien punie, et néanmoins il savait qui elle était. Une seule femme avait pu lui tenir de pareils propos : c'était Sophie de Lagrange qui, à la faveur du masque, s'était introduite chez madame de Saint-Préban, où nombre de demoiselles du monde allaient sous ce déguisement. On imagine combien cette danseuse, si fière de ses charmes et de la protection du duc de Frousac, avait dû souffrir du traitement humiliant qu'elle avait reçu. Elle aurait éprouvé moins de chagrin si elle eût pu connaître sa rivale ; car quelle autre qu'une femme amoureuse du page se serait portée à de pareils excès ? Le nom de la princesse San Severino ne vint pas d'abord à sa pensée ; elle ne chercha pas aussi loin, se contentant de regarder autour d'elle. Une pensée lui suggéra que la coupable pourrait bien être la fameuse mademoiselle Guimard. N'était-ce pas elle qui naguère avait pris un malin plaisir à lui faire connaître l'inclination du duc de Fronsac pour une étrangère? ne lui avait-elle pas aussi parlé du comte de Mauran? Peut-être que sachant l'intérêt qu'elle, Sophie, prenait à Exupère, mademoiselle Guimard s'était procuré la double jouissance de lui mettre sous les yeux l'infidélité de ses deux amans. Sophie se promit d'éclaircir ce point et d'en tirer une vengeance éclatante si par cas elle ne se trompait pas.

Exupère, dès le lendemain matin, revint chez Noéline toujours chère à son cœur, et qui le lui devenait davantage au moment où son amour, s'était manifesté avec tant de vivacité. La jeune fille, impatiente de le voir et redoutant qu'il ne prolongeât son absence, le reçut avec ces transports qui rendent un amant si heureux; mais moins complaisante que la veille, elle le querella sur son infidélité qu'elle avait de la peine à comprendre, à tel point son ame était éloignée de tout ce qui formait les usages du grand monde.

Exupère, en sortant de chez elle, crut devoir passer chez Sophie de Lagrange; il ne la trouva point. Il vint dans la soirée à l'hôtel d'Egmont, où une société nombreuse était réunie. La princesse San Severino y était déjà et environnée d'un cercle dans lequel figuraient le duc de Fronsac et le chevalier de Teluange. Dès que ce dernier eut aperçu Exupère, il attendit à peine qu'il eût rendu ses devoirs à la maîtresse de la maison, et, courant à lui, prêt à l'embrasser en public pour peu qu'il eût cru la chose faisable :

« Te voilà, héros moderne! prototype de la galanterie de l'époque, toi qui disais : fi des réputations à la mode, et dont les aventures vont remplir les salons de Paris? Permets-moi de te féliciter autant que je te porte envie. Sais-tu que tu fais merveille, et qu'il n'est question que de toi ?

» — J'ignore, dit Exupère, par où j'ai pu mériter une si haute réputation.

» — Comment diable ne le vois-tu pas? et le combat singulier livré hier dans le salon de madame de Saint-Préban, en ton honneur et gloire, entre une sultane adorable et un domino très-belliqueux! On ne parle d'autre chose dans tout Paris, et tout à l'heure encore on se récriait sur ton bonheur.

» — C'est que ceux qui me croient heureux ne se sont pas trouvés où j'étais, et qu'on a singulièrement embelli l'histoire.

» — Et toi, par une fausse modestie, ne vas pas en diminuer le prix. Savez-vous, princesse, poursuivit Telnange en s'adressant à madame de San-Severino, que, pas plus tard que le soir précédent, deux dames sont descendues en champ clos pour se disputer les bonnes grâces du comte de Mauran ?

» — Chevalier de Telnange, dit Exupère, votre amitié devrait m'épargner ; il m'est désagréable qu'on traite un pareil sujet, d'autant que, je vous le répète, on l'a dénaturé entièrement.

» — Je vous demande pardon, répartit Telnange, si dire la vérité vous offense, je tâcherai de la contenir ; mais il vous sera impossible de fermer les bouches indifférentes ; celles-là, malgré vous, proclameront votre succès ; et la princesse elle-même, quand elle saura l'affaire...

» — Je suis peu curieuse, Monsieur, dit la princesse, et surtout des anecdotes dans lesquelles les personnes de mon sexe jouent un rôle humiliant.

» —Ah! madame, s'écria Exupère, l'amour excuse tout.

» — Non, Monsieur, il fait tout faire, à la bonne heure, expliquez-vous correctement. »

C'était le maréchal duc de Richelieu qui se mêlait à la conversation.

FIN DU TOME SECOND.

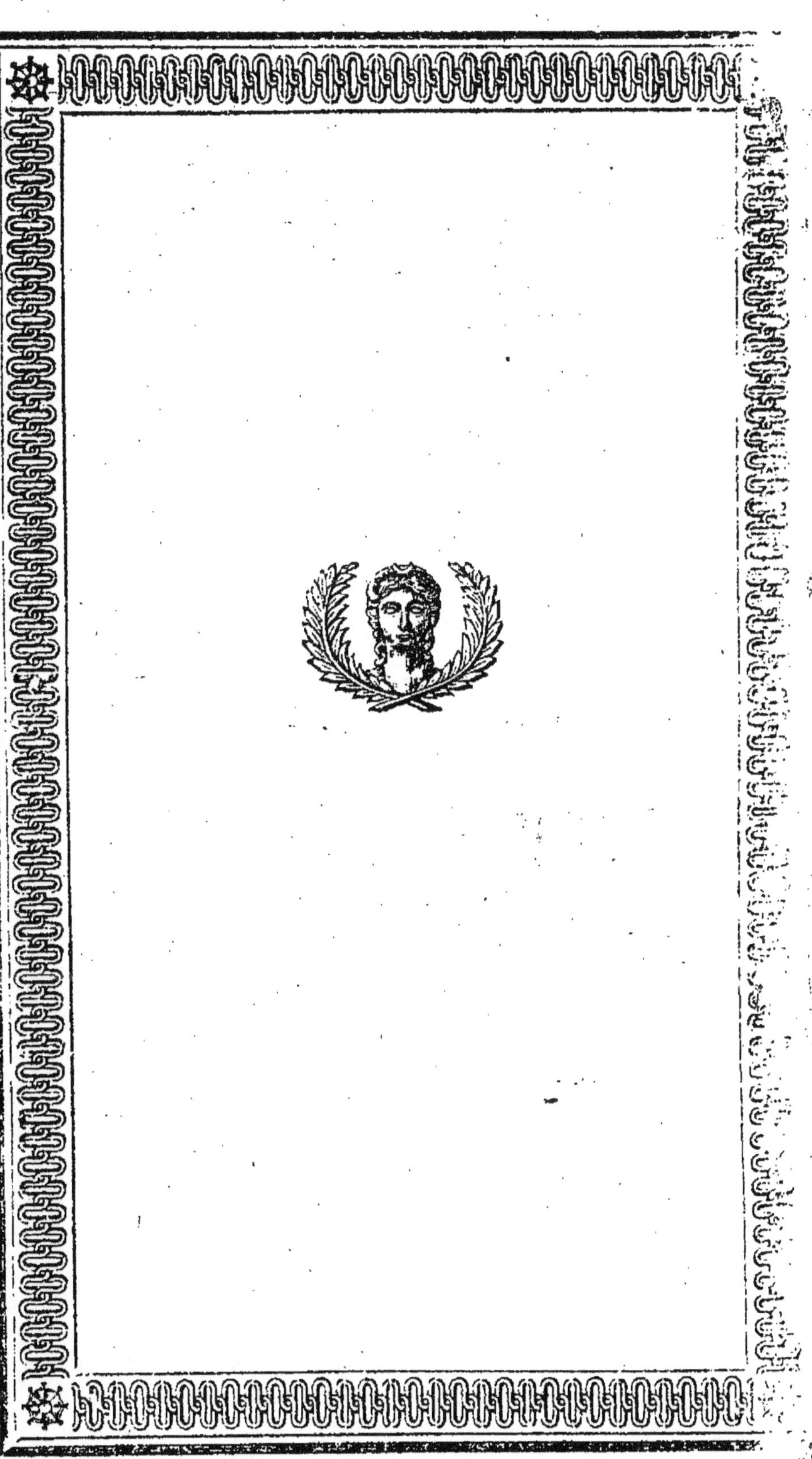

www.ingramcontent.com/pod-product-compliance
Lightning Source LLC
LaVergne TN
LVHW010553110826
845149LV00003B/645

* 9 7 8 2 0 1 1 8 7 6 0 4 1 *